A2.2
练习册
Arbeitsbuch

快乐德语「第二版」

prima plus | Deutsch für Jugendliche

Friederike Jin　Lutz Rohrmann

黄惠芳 编译

上海外语教育出版社
SHANGHAI FOREIGN LANGUAGE EDUCATION PRESS

Cornelsen

图书在版编目（CIP）数据

　　快乐德语. A2. 2. 练习册 /（德）金莎黛等编. —2版.
-- 上海：上海外语教育出版社，2022
　　ISBN 978-7-5446-7131-6

　　Ⅰ.①快… Ⅱ.①金… Ⅲ.①德语-习题集 Ⅳ.①H339.6

　　中国版本图书馆CIP数据核字(2022)第020260号

图字：09-2021-0711

出版发行：**上海外语教育出版社**
　　　　　　（上海外国语大学内）　邮编：200083
电　　话：021-65425300 (总机)
电子邮箱：bookinfo@sflep.com.cn
网　　址：http://www.sflep.com.
责任编辑：王乐飞

印　　刷：上海商务联西印刷有限公司
开　　本：890×1240　1/16　印张 5.75　字数 182 千字
版　　次：2022 年 7 月第 2 版　2022 年 7 月第 1 次印刷

书　　号：ISBN 978-7-5446-7131-6
定　　价：38.00 元

本版图书如有印装质量问题，可向本社调换
质量服务热线：4008-213-263　电子邮箱：editorial@sflep.com

近年来，随着我国外语教育教学改革的不断推进，包括德语教学在内的基础外语教学焕发出新的生机和活力。2018 年，教育部颁布了《普通高中德语课程标准（2017 年版）》，为基础教育阶段开设和优化德语课程提供了政策和技术性指导。除各地外国语学校之外，越来越多的其他各类学校也开设了德语作为第一外语或第二外语的课程。

多年来，上海外语教育出版社一直致力于为各学习阶段的德语学习者提供优秀的教材。经过仔细甄选，我社自 2010 年起从德国知名专业出版集团——康乃馨出版社引进出版了《快乐德语》（prima）系列教材。在过去的十余年里，全国有近百所中小学校将其作为首选德语教材。为适应新的社会发展，康乃馨出版社对该套教材进行了修订，我们也继续与康乃馨出版社合作，推出《快乐德语（第二版）》（prima plus），以进一步满足我国基础教育阶段德语学习者和授课教师的需要。

作为专门为青少年编写的零起点德语教材，《快乐德语（第二版）》严格遵循"欧洲语言共同参考框架"所设定的等级要求，分为 A1-B1 等三个级别，每个级别均配有"学生用书""练习册""词汇手册""学习手册"和"教师用书"等品种。教材内容编写科学、难度循序渐进，特别重视语音的训练，注重语法结构的实际运用。内容丰富，配有大量的语音、词汇、语法、阅读、听力、口语和写作等多样化练习，旨在全面系统地提高学生的听、说、读、写等四项语言能力，激发学生学习德语的热情，提高其德语交际应用能力。

与第一版相比，第二版的页面布局更加美观、话题内容更贴近当下、小组活动和项目教学更具可操作性、多媒体配套资源更符合互联网学习的特点。

根据我国青少年德语学习者的特点，我们特别邀请上海外国语大学王蔚副教授为 A1.1 级别学生用书配套编写了语音预备单元，邀请华东师范大学黄惠芳副教授增加了汉语注释并编写了词汇手册，邀请山东大学（威海）张雄老师编写了学习手册。另外，本套教材中相关的音视频资源均可在"爱听外语"APP 中下载使用。

希望学习者快乐地学习德语、学好德语、用好德语！

上海外语教育出版社

2021 年 6 月

prima plus

Deutsch für Jugendliche
Chinesische Ausgabe

A2.2

Arbeitsbuch

Cornelsen

A2.2 | Deutsch für Jugendliche
Chinesische Ausgabe

Im Auftrag des Verlages erarbeitet von
Friederike Jin und Lutz Rohrmann

Redaktion: Lutz Rohrmann, Dagmar Garve
Redaktionsassistenz: Vanessa Wirth
Mitarbeit: Meike Wilken, Karen Kölling

Beratende Mitwirkung: Roberto Alvarez, Michael Dahms, Katrina Griffin, Katharina Wieland, Milena Zbranková

Illustrationen: Laurent Lalo, Lukáš Fibrich (S. 22, 37, 42, 69)
Bildredaktion: Katharina Hoppe-Brill
Audioaufnahmen: Cornelsen / Tonstudio Kirchberg, Lollar

Layoutkonzept: Rosendahl Berlin, Agentur für Markendesign
Technische Umsetzung: zweiband.media, Berlin

Inhalt

 Hier gibt es eine Audioaufnahme.

 Hier schreibst du Texte für dein Portfolio.

1 Sportarten

a Wie findest du Taekwondo, rhythmische Sportgymnastik, Beachvolleyball, Surfen, Joggen, Skateboard fahren, Fechten und Ballett? Schreib Sätze mit den Ausdrücken im Kasten.
用框中的表达写句子。

interessant – langweilig – cool – uncool –
(zu) anstrengend – einfach – schwierig –
(k)ein Sport für Jungen – (k)ein Sport für
Mädchen – etwas/nichts für kleine Kinder –
etwas/nichts für Erwachsene

Ich meine, dass Kickboxen nichts für kleine
Kinder ist.
Ich denke, dass Basketball ...
Ich finde, dass ...

b *Spielen, fahren, laufen* oder *machen*? Ordne zu und schreib einen Satz: Was möchtest du gerne machen? Was möchtest du nicht gerne machen?
将 spielen，fahren，laufen 或 machen 与图片（名词）匹配，并写句子。你喜欢做什么？不喜欢做什么？

| Wasserball | Ballett | Fußball | Schlittschuh | Gymnastik |

*spielen*_____ _____ _____ _____ _____

| Fahrrad | Tischtennis | Ski | Snowboard | Karate |

_____ _____ _____ _____ _____

Ich möchte nicht gerne Wasserball spielen.

2 Interviews zum Thema „Sport"

a Ergänze den Text. 补充短文。

Ich bin kein Sportfanatiker, aber ich bin au_____ kein Sportmuffel.
I_____ mag Sport. Im Win_____ fahre ich m_____ meinen Eltern
im_____ eine Woche z_____ Skifahren und im Som_____ gehe ich
ge_____ schwimmen. Ich m_____ auch gerne Mannschaftssportarten,
aber ich spi_____ nicht im Ver_____ und ich
ma_____ auch keine Turn_____. Ich spi_____ gerne mit mei____
Freunden Fußball od_____ Volleyball. Wir ha_____ in der Sch_____
einen Sportplatz u_____ wenn das Wet_____ gut ist, spi_____ wir in der
Mittags_____ Volleyball od_____ Fußball. Im Win_____ geht das lei_____ nicht.
Deshalb ma_____ ich im Win_____ nicht so vi__ Sport. Aber v_____ unserem Skiurlaub
ge_____ ich regelmäßig jog_____. Ich möchte f_____ sein. Dann ma_____ das Snowboardfahren
me_____ Spaß. Ich se_____ nicht so ge_____ den normalen Sp_____ im Fernsehen.
D_____ finde ich langw_____. Ich sehe ge_____ die Wettkämpfe v_____ League of Legends.
Das ist ja au_____ ein Sport. Ein Training für das Gehirn und die Schnelligkeit.

b Schreib einen Text über dich wie in 2a. 参照 2a，写一篇关于你的短文。

c Hör zu und kreuze an: richtig oder falsch? 听录音，判断正误。请画叉。

1. Sport ist Katharinas Lieblingsfach. ☐R ☐F
2. Sie findet Gymnastik nicht interessant. ☐R ☐F
3. Sie findet Ballspiele interessant. ☐R ☐F
4. In ihrer Freizeit hört sie gerne Musik. ☐R ☐F
5 Sport im Fernsehen findet sie interessant. ☐R ☐F
6. Sie sieht nie Sportsendungen. ☐R ☐F

3 Bundesjugendspiele: schnell – schneller – am schnellsten

a Ergänze die Formen in der Tabelle. 在表格中填写形容词、形容词比较级和最高级形式。

	Komparativ	Superlativ
groß		
schnell		am schnellsten
	höher	
weit		
		am kältesten
	wärmer	
	lieber	
		am meisten
gut		

b Wiederholung – Schreib Vergleichssätze mit *genauso ... wie* oder *... als*.
用 genauso ... wie 或 ... als 写比较句。

1. Laufen: Hanno: 100 m in 11,2 sec. – Luka: 100 m in 11,3 sec.

_____

2. Laufen: Svea: 50 m in 7,5 sec. – Torge: 50 m in 7,5 sec.

_____

3. Weitsprung: Anton: 2,75 m – Karla: 2,70 m

_____

4. Hochsprung: Samuel: 1,60 m – Livia: 1,60 m

_____

5. Schwimmen: Mila: 50m in 34,3 sec. – Zoe: 50m – 33,5 sec.

_____

c Vergleiche mit Komparativ und Superlativ wie im Beispiel. Vergleicht in der Klasse.
参照示例，用比较级和最高级写句子，并在课堂上交流。

Temperaturen im Winter	Flüsse	Berge
Rom: 11 – 13 Grad	(die) Donau: 2857 km	(der) Großglockner: 3798 m
Berlin: 2 – 4 Grad	(der) Gelbe Fluss: 4845 km	(der) Mount Everest: 8848 m
Oslo: 0 – 2 Grad	(der) Nil: 6852 km	(der) Aconcagua: 6962 m

Im Winter ist es in Rom wärmer als in Berlin, aber in Berlin ...

In Oslo ist es am ...

4 Viele Talente in einer Klasse

a Ergänze die Fragen. Es gibt mehrere Möglichkeiten. 补充句子。答案不是唯一。

am besten · am besten · am liebsten · am meisten ·
am berühmtesten · am häufigsten · am coolsten

1. Wer singt _____?

2. Wer sieht _____ aus?

3. Wen siehst du _____ im Fernsehen?

4. Wer verdient _____ Geld?

5. Wer ist _____?

6. Wen sieht man _____ im Kino?

7. Wen findest du _____?

b Schauspieler, Sänger, Musiker, Profisportler. Beantworte die Fragen aus 4a für dich. 回答 4a 中的问题。

5 Wo bleibst du denn ...?

Ordne den Dialog und hör zur Kontrolle. 整理对话。听录音，更正错误。

● Hallo.

_____

● Hi, Simon, wie geht's?

_____

● Oh, sorry, Simon, wir hatten länger Training, du weißt doch, wir haben am Sonntag den Wettkampf.

_____

● Ja, tut mir wirklich leid. Sollen wir jetzt erst mal ein Eis essen gehen? Ich lade dich ein.

_____

● Klar, bin in zehn Minuten da.

■ Und wieso hast du nichts gesagt? Dein Handy funktioniert doch.

■ Hier ist Simon.

■ Na gut, dann beeil dich aber.

■ Blöde Frage, ich warte seit einer halben Stunde, wo bist du denn?

6 Hören üben – Vorwürfe

Ist das ein Vorwurf? 这是指责吗？
Hör zu und kreuze an. 听录音，请画叉。

	1.	2.	3.	4.	5.
Vorwurf	☐	☐	☐	☐	☐
kein Vorwurf	☐	☐	☐	☐	☐

7 Der Sportunfall

a Schreib die Körperteile zum Foto.
看照片写出身体的部位。

der Kopf

der Hals

b Wiederholung: Modalverben –
Mach eine Tabelle im Heft.
复习情态助动词——在练习本上列
一张表格，将 müssen 和 können
的变化形式写到表格中。

	Präsens	Präteritum	Präsens	Präteritum
ich	kann	konnte	muss	musste
du				

c Ergänze *müssen* und *dürfen* in der richtigen Form. 填入 müssen 和 dürfen 的正确形式。

1. Er hatte einen Sportunfall und _____ nicht weiterspielen.

2. Er hatte Kopfschmerzen und _____ zum Arzt gehen.

3. Oskar hat jetzt mit Tennis angefangen, aber er _____ noch keine Turniere spielen.

4. Gestern _____ wir einen Test schreiben. Wir _____ kein Wörterbuch benutzen.

5. Ich _____ gestern nicht weggehen. Ich _____ mein Zimmer aufräumen.

d Ergänze *müssen, dürfen, wollen* und *können*.
填入 müssen，dürfen，wollen 和 können 的正确形式。

1. _____ du jonglieren? – Ich _____ es früher mal ein bisschen.

2. Früher _____ ich Pilot werden, aber jetzt _____ ich Ingenieur werden.

3. Kommst du heute Abend nicht mit? – Nein, ich _____ nicht. Ich habe keine Zeit.

4. Es ist schon spät, komm, wir _____ uns beeilen, der Zug fährt in 20 Minuten.

5. Früher _____ ich nur bis zehn Uhr ausgehen, jetzt _____ ich bis zwölf.

e Gegenwart und Vergangenheit – Ergänze die Verben im Text. 现在和过去——在短文中填入动词。

haben – sein – bekommen – dürfen – ~~gehen~~ – gehen – helfen – hinfallen – joggen – können –
können – loslaufen – machen – machen – rufen – sagen – sein– wehtun – ~~wollen~~ – sein

Ich mache nicht gern Sport. Das ist mir zu anstrengend, aber letzte Woche _wollte_ ich mal etwas
tun. Und dann das! Wir sind in den Park _gegangen_. Erst sind wir gemütlich _____, das hat
ja noch Spaß _____, aber dann hat meine Freundin _____: „Los, jetzt
_____ wir!" Und sie ist _____. Ich auch, ich habe zwei Schritte _____ und
dann … Es _____ kalt. Auf dem Boden _____ Eis und ich bin _____. Mein
Bein hat furchtbar _____. Ich _____ nicht mehr aufstehen. Saskia hat mir
_____, aber ich _____ so starke Schmerzen, ich _____ nicht aufstehen. Da
hat Saskia mit dem Handy einen Notarzt _____ . Mein Bein _____ gebrochen. Ich
habe einen Gips _____ und _____ jetzt vier Wochen lang keinen Sport machen.
Aber das ist mir egal! Ich mache in den nächsten Jahren sowieso keinen Sport mehr!

f Bildergeschichte: Schreib zu jedem Bild mindestens einen Satz. 图片故事：对每张图片至少写一句话。

*Du musst eine Woche
im Bett bleiben.*

g Phonetik: j. Hör zu und sprich nach. 听录音并跟读。

Jetzt trägt jeder Jeans.　　Viele Jugendliche machen Judo.　　Möchte jemand im Januar joggen?

8 Sportler und Fans

Hör das Interview mit Benno und Mila. Was ist richtig?
Kreuze an. 听对 Benno 和 Mila 的采访。判断正误。请画叉。

1 Benno und Mila haben
   - [a] keine Urkunde bekommen.
   - [b] an den Bundesjugendspielen teilgenommen.
   - [c] Leichtathleten als Lieblingssportler.

2 Benno ist in
   - [a] keinem Verein.
   - [b] einem Tischtennisverein.
   - [c] einem Skiverein.

3 Timo Boll hat
   - [a] noch nie eine Meisterschaft gewonnen.
   - [b] schon gegen Chinesen gewonnen.
   - [c] 2008 bei der Olympiade gewonnen.

4 Timo Boll war verletzt. Danach
   - [a] konnte er nie wieder spielen.
   - [b] konnte er wieder spielen.
   - [c] wollte er nicht mehr spielen.

5 Milas Lieblingssportarten sind
   - [a] Leichtathletik und Reiten.
   - [b] Reiten und Tennis.
   - [c] Tennis und Leichtathletik.

6 Milas Lieblingssportlerin
   - [a] spielt noch aktiv Tennis.
   - [b] hilft Kindern mit Problemen.
   - [c] ist noch sehr jung.

9 Gehirnjogging – der etwas andere Sport

a Was passt? Ordne zu und schreib die Lerntipps. 将 1–7 与 a)–g) 配对并写出学习建议。

1. Mit den Wörtern	a) lernen.
2. Wörter	b) mit Artikel und Plural lernen.
3. Wörter in Gegensatzpaaren	c) nach Thema sortieren.
4. Wörter laut	d) sprechen.
5. Wörter mit Personen	e) verbinden.
6. Wörter in	f) eine Geschichte machen.
7. Nomen immer	g) Wortgruppen lernen.

1+f Mit den Wörtern eine Geschichte machen.

b Ordne die Lerntipps 1–7 den Beispielen A–G zu. 将 1–7 与 A–G 相匹配。

A
schnell ≠ langsam
aktiv ≠ passiv
Sportmuffel ≠ Sportfanatiker

B
die Milch   Reiten   der Arm
der Saft   Ballett   das Bein
der Tee   Volleyball   der Fuß

C
Rekorde   Weltmeister
erfolgreich — Vettel
blond
meine Mutter

D
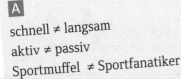
Bescheid sagen

E
sich am Arm verletzen
vom Pferd fallen
Bescheid sagen

F
Wir hatten gestern einen **Wettkampf**. In der letzten Woche haben wir viel **trainiert**. Aber wir hatten **Pech**. Vera ist unsere **beste Spielerin**, aber sie konnte nicht spielen. Deshalb haben wir **verloren**.

G
die Halle   das Puzzle
die Hallen   die Puzzles

Leseecke

a Lies das Interview schnell. Welches Foto zeigt das Thema? 快速阅读采访。哪张照片展示了主题?

Du bist seit einem Jahr Mitglied in einer Freizeit-AG für eSports. Was macht man in einer eSports-Gruppe?

Wir trainieren Computerspiele. Wir sind insgesamt 12, 9 Jungen und 3 Mädchen. Die Mädchen sind ziemlich gut, aber es sind leider nicht so viele. Wir treffen uns einmal pro Woche.

Und wo trefft ihr euch?

Bei mir zu Hause oder bei meinem Onkel. Mit ihm zusammen hatte ich auch die Idee und wir haben die Gruppe gemeinsam gegründet. Er kennt sich sehr gut aus. Denn er spielt selbst erfolgreich Computerspiele, und er geht immer zur Messe für Computerspiele in Köln. Er hilft uns und unterstützt uns. Wir wollen nämlich nächstes Jahr an einem Bundeswettbewerb teilnehmen.

Toll, aber kann nicht jeder alleine spielen? Warum braucht man dafür eine Gruppe?

Unsere Spiele sind Teamspiele. Und in Teamspielen ist die Taktik sehr wichtig. Da muss man in jedem Team viel diskutieren und eine gemeinsame Strategie finden, denn in einem Wettkampf muss man schnell reagieren, da ist nicht mehr viel Zeit für lange Diskussionen. In der AG analysieren wir zusammen Spiele von richtig guten Spielern, von der Weltmeisterschaft und so. Dabei kann man viel lernen.

Ist Computerspielen denn wirklich ein Sport? Der Deutsche Olympische Sportbund sagt „Nein", und eigentlich sitzt man ja nur vor dem Computer.

Ich finde schon, und in anderen Ländern sieht man das auch so. Schachspielen ist ja auch ein Sport und Gehirnjogging auch. Und beim Computerspielen muss man strategisch fit sein, wie beim Schachspielen. Man muss auch superschnell reagieren können. Man muss die Situation checken und dann müssen die Finger schnell sein. Das muss man trainieren, wie jeden Sport z.B. Tischtennis, Fußball oder Boxen auch. Ich finde eSport auf jeden Fall viel sportlicher als Schach.

Fabian, danke für das Interview. Ich drücke euch die Daumen für den Bundeswettbewerb!

b Lies das Interview noch einmal und kreuze an: richtig oder falsch? 再读一遍采访,判断正误。请画叉。

1. Die Mädchen sind nicht so gut wie die Jungen. R F
2. Die Jugendlichen treffen sich in der Schule zum Computerspielen. R F
3. Der Onkel von Fabian bereitet das Team auf den Bundeswettbewerb vor. R F
4. Bei einem Wettkampf müssen die Teammitglieder viel diskutieren. R F
5. Für Fabian ist Computerspielen ein Sport wie Tischtennis oder Fußball. R F

Meine Ecke

Sport-Sprüche – Ordne zu. 将 1–4 与 a–d 相匹配。

1. Beim Ballspiel benutzen alle den gleichen Ball,

2. Mal verliert man,

3. Einen guten Sportler erkennt man an seinem Sieg,

4. Teilnehmen ist

a) einen großen Sportler erkennt man in seiner Niederlage. *(anonym)*

b) wichtiger als siegen. *(Pierre de Coubertin, Gründer der modernen Olympischen Spiele)*

c) mal gewinnen die anderen. *(Otto Rehhagel, Fußballtrainer)*

d) aber einer bringt ihn am besten ins Ziel. *(Blaise Pascal, Wissenschaftler)*

Mach die Übungen. Kontrolliere im Schlüssel auf Seite 86 und kreuze an:

做以下练习，核对第 86 页上的答案。请画叉：

☺ das kann ich gut   😐 das kann ich einigermaßen   ☹ das muss ich noch üben.

1 Über Sport sprechen   Schreib die Antworten und ordne die Fragen (1–5) den Antworten a)–e) zu. 写出回答。将问句与回答相匹配。

1. Welche Sportarten machst du am liebsten?   4. Hast du einen Lieblingssportler?
2. Wie oft gehst du schwimmen?   5. Wie findest du Gedächtnissport?
3. Was braucht man für deine Lieblingssportart?

a) Ich / ihn / interessant, / aber / Hockey / ich / spiele / lieber / Ballsportarten, / finde / zum Beispiel / .

Frage ☐ _Ich finde_ _____

b) er / Dirk Nowitzki / Ja, / und / ist / der / beste deutsche / heißt / Basketballer / .

Frage ☐ _____

c) Woche / Jede / am Freitag / einmal / .

Frage ☐ _____

d) und einen Helm / braucht / ein Snowboard, Handschuhe / Man / .

Frage ☐ _____

e) gerne / Ich / und / fahre / spiele / Ski / Volleyball / .

Frage ☐ _____

2 Über Unfälle sprechen   Ergänze die Sätze. 补充句子。

Mein _____ ist ge_____ und ich _____ einen Monat nicht trainieren.

Trixi _____ sich beim _____ an der _____ _____ und _____ zwei Monate nicht spielen.

Ich bin vom Fahrrad _____ und habe mich am Kopf _____. Mir war 3 Tage lang _____. Ich musste 6 Tage im Bett _____.

3 Entschuldigungen formulieren   Hör zu. Welche Entschuldigung passt? 听录音。哪个托辞合适？

1
a) Tut mir leid, meine Uhr geht nicht richtig.
b) Ich musste gestern zum Arzt.

2
a) Sorry, ich muss meiner Mutter helfen.
b) Ich habe leider kein Geld.

3
a) Mein Bus ist nicht gekommen.
b) Ich hatte keine Zeit.

Seite 6

turnen . . . .

die Halle, -n . . . .

der Schläger, – . . . .

der Spieler, – . . . .

die Spielerin, -nen . . . .

die Mannschaft, -en . . . .

der Sportplatz, "-e . . . .

zu zweit/dritt/viert … . . . .

Seite 7

etwas erreichen . . . .

die Urkunde, -n . . . .

besser als . . . .

(nicht) so gut wie . . . .

werfen . . . .

springen . . . .

auswendig lernen . . . .

rechnen . . . .

zeichnen . . . .

Seite 8

glauben . . . .

· Ich glaube, dass … . . . .

· Na endlich! . . . .

Entschuldige (bitte) … . . . .

eine Verabredung haben . . . .

· (Es) tut mir leid! . . . .

· länger/kürzer als gedacht . . . .

die Verspätung, -en . . . .

nicht richtig gehen . . . .

· Meine Uhr geht nicht richtig. . . . .

der Schlüssel, – . . . .

Seite 9

stürzen . . . .

· vom Rad stürzen . . . .

der Unfall, "-e . . . .

· einen Unfall haben . . . .

die Klinik, -en . . . .

das Krankenhaus, "-er . . . .

der Schmerz, -en . . . .

· Schmerzen haben . . . .

gebrochen sein . . . .

· Der Arm ist gebrochen. . . . .

verletzt sein . . . .

· So ein Pech! . . . .

das Ergebnis, -se . . . .

das Kopfweh (nur Sg.) . . . .

Seite 10

bekannt . . . .

erfolgreich . . . .

hinunterfahren . . . .

nacheinander . . . .

die Karriere, -n . . . .

die Luft, (nur Sg.) . . . .

die Meisterschaft, -en . . . .

der Rekord, -e . . . .

die Saison, -s . . . .

schießen . . . .

der Sieg, -e . . . .

wechseln . . . .

die Weltmeisterschaft, -en . . . .

der Weltmeister, – . . . .

die Weltmeisterin, -nen . . . .

Einige Wörter zum Thema „Sport"

Sport-Nomen	**Sport-Verben**	**Sport-Adjektive**
das Turnier, -e	laufen	schnell – (zu) langsam
das Spiel, -e	joggen	hoch – (zu) niedrig
die Mannschaft, -en	springen	lang – (zu) kurz
die Turnhalle, -n	werfen	weit – (zu) kurz
der Sportplatz, "-e	fahren	bekannt – unbekannt
das Stadion, Stadien	schwimmen	berühmt
der Sieg, -e – die Niederlage, -n	schießen	erfolgreich
die Meisterschaft, -en	spielen	
der Meister, –	gewinnen – verlieren	
die Meisterin, -nen	siegen	
der Rekord, -e	stürzen	

1 Ein Volksfest

a Ergänze die E-Mail. 把电子邮件填完整。

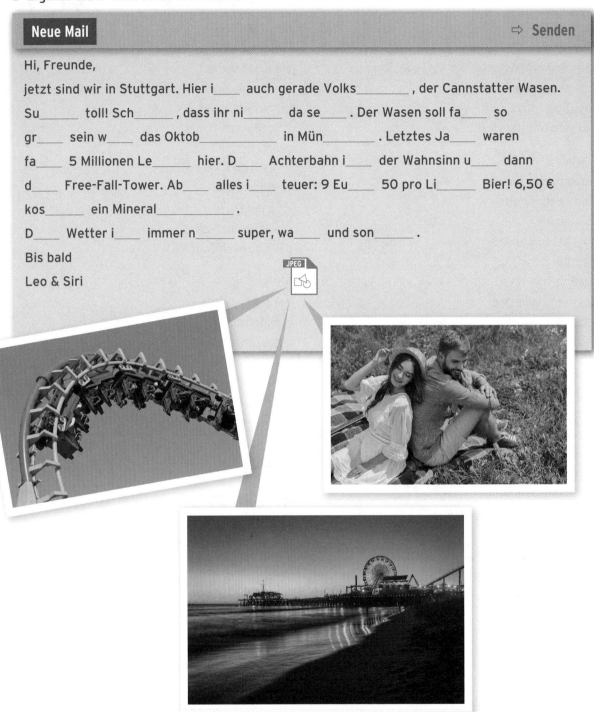

Neue Mail   ⇨ **Senden**

Hi, Freunde,

jetzt sind wir in Stuttgart. Hier i____ auch gerade Volks_____ , der Cannstatter Wasen.

Su_____ toll! Sch_____ , dass ihr ni_____ da se____ . Der Wasen soll fa____ so

gr____ sein w____ das Oktob_____ in Mün_____ . Letztes Ja____ waren

fa____ 5 Millionen Le_____ hier. D____ Achterbahn i____ der Wahnsinn u____ dann

d____ Free-Fall-Tower. Ab____ alles i____ teuer: 9 Eu____ 50 pro Li_____ Bier! 6,50 €

kos_____ ein Mineral_____ .

D____ Wetter i____ immer n_____ super, wa____ und son_____ .

Bis bald

Leo & Siri

b Schreib indirekte Fragen. 写间接疑问句。

1. Wo sind Leo und Siri?   Kannst du mir sagen, _wo Leo und Siri sind_____?

2. Wo ist der „Wasen"?   Können Sie mir sagen, _____?

3. Wie viele Leute waren letztes Jahr dort?   Weißt du, _____?

4. Wann findet der „Wasen" in diesem Jahr statt? Wer weiß, _____?

5. Ist das Mineralwasser auch teuer?   Weißt du, _____?

6. Ist das Volksfest auch im Herbst?   Wer weiß, _____?

7. Kommt dein Bruder das nächste Mal mit?   Weißt du, _____?

8. Fährt ein Bus zum Volksfest?   Können Sie mir sagen, _____?

2 Phonetik: w und b

a Hör zu. Welches Wort hörst du? 听录音。你听到哪个单词?

Bild – wild

Wald – bald

Wein – Bein

Bier – wir

am besten – im Westen

b Hör zu. Und sprich nach. 听录音并跟读。

www: Wer weiß, was Willi will?

b: Bitte Benni, bleib noch ein bisschen.

b + w: Ein Wurstbrot mit Bratwurst, wunderbar!

3 Janeks Blog

a Ergänze die richtigen Formen von *wissen* und die passenden Fragewörter.
补充 wissen 的正确形式和合适的疑问词。

1. *Weißt* _____ du, w*ie* _____ der erste Mensch auf dem Mond geheißen hat?

2. _____ Sie, w_____ diese deutsche Abkürzung bedeutet: BMW?

3. Wer _____, w_____ Carl Benz das Auto erfunden hat?

4. _____ ihr, w_____ _____ Montage ein Jahr hat?

5. _____ dein Vater, w_____ _____ eine Reise zum Planeten Mars dauert?

6. Wer _____ heute noch, w_____ die erste Autofahrerin der Welt war?

7. _____ ihr, w_____ Eisbären keine Pinguine fressen?

b Ergänze die Sprechblase.

Kannst du die Frage beantworten?
补充对话气泡。你能回答这个问题吗?

Smarti, _____ du _____ _____ die Reiskörner auf einem Schachbrett wiegen, wenn man auf das erste Feld 1 Reiskorn legt, auf das zweite 2, auf das dritte 4, auf das vierte 8, auf das fünfte 16 usw.?

4 Das stimmt – das stimmt nicht.

a Lies die Aussagen und schreib die passende Reaktion dazu, wie im Beispiel.
读下列句子。参照示例,写出正确的反应句。

1. Deutschland hat 21 Bundesländer. *Das ist falsch. Es sind 16.* _____

2. Die Hauptstadt von der Schweiz heißt Basel. _____

3. Ein österreichisches Bundesland heißt Kärnten. _____

4. Alle Deutschen lieben Wurst und Fleisch. _____

5. „Rösti" ist ein typisch schweizerisches Gericht. _____

6. In Norddeutschland kann man gut Skifahren. _____

b Hör zu. Welche Reaktion passt? Kreuze an. 听录音。哪种反应是正确的? 请画叉。

1. a Das finde ich auch.
   b Das stimmt so nicht.

2. a Das finde ich gut.
   b Das finde ich nicht.

3. a Das stimmt so nicht.
   b Oh ja, ich komme mit.

5 Sprechen üben: widersprechen

🔊 Welcher Satz ist energisch und welcher ist vorsichtig gesprochen? Notiere 1 oder 2.
哪句话说得果断，哪句话说得谨慎？请记下 1 或 2。

a) Einverstanden. ☐1 energisch ☐ vorsichtig

b) Ich denke, das stimmt so nicht. ☐ energisch ☐ vorsichtig

c) Ich bin nicht einverstanden. ☐ energisch ☐ vorsichtig

6 Über Feste berichten

a Einen Text planen und schreiben – Ergänze die Lerntipps. 计划并写一篇短文。补充学习建议。

Fragen – klein – Verben – drei – ordne – ~~Stichwörter~~ – korrigieren – Rechtschreibung – schreiben

---

Vier Schritte beim Schreiben:

1. Text planen: Notiere _Stichwörter_____.

2. Text planen: _____ deine Stichwörter.

3. Text _____.

4. Text _____. Lies deinen Text _____mal:

a) Hast du alle _____ beantwortet?

b) Stehen die _____ richtig?

c) _____: groß, _____ und: i/ie, e/ee/eh, s/ss/ß,
m/mm, n/nn – usw.

---

b Im Text sind 10 Fehler: 5 groß/klein und 5 Wortstellung. Markiere und korrigiere die Fehler.
短文中有五个大小写错误，五个词序错误，请将错误标出来并作纠正。

Neue Mail ⇨ **Senden**

Hallo, Sarah!

Mein ₗlieblingsfest ist unser Dorffest im Frühling. Es „Kerwe" heißt. Überall im Dorf gibt es kleine Restaurants. Da kann man etwas Essen und trinken. Fast alle Vereine (es gibt in unserem Dorf 70!) machen etwas. Einige Suppe verkaufen, andere verkaufen Bratwurst mit Brötchen oder Kartoffelsalat. Der Musikverein macht Musik und präsentiert der Sportverein seine Sportarten. Am Besten ist aber der „Rummel" auf dem Marktplatz. Da es gibt ein altes Karussell und Auto-Scooter. Das ist alles viel kleiner als in der stadt, aber ich finde es schön, weil es ist gemütlich und man viele Leute trifft.

Liebe grüße

Oskar

---

7 Was tun?

Detailliertes Lesen: Lies die Blog-Texte und beantworte die Fragen 1–6.

详细阅读：阅读下面的博客，回答问题（1–6）。

1. Wohin fährt Nastrela zuerst?
2. Warum fährt sie dann nach Hamburg?
3. Warum kennt Buba Hamburg so gut?
4. Was ist der Michel und was kann man dort tun?
5. Was ist „Blankenese"?
6. Wo soll Nastrela nicht einkaufen und warum?

Schüler-Blog	⁺Kommentar	Suchen	⇨ Startseite

NASTRELA

Es ist 17 Uhr und ich packe meinen Koffer. In gut sechs Stunden fängt meine Deutschlandreise an und ich will meine Erfahrungen mit euch teilen … Hoffentlich auch mit vielen Fotos … Zuerst mache ich einen Stop in München, am Dienstagmorgen fahre ich weiter nach Hamburg. Dort lebe ich drei Wochen bei einer Familie und besuche einen Sprachkurs. Danach gehe ich nach Berlin und besuche meinen Bruder. Er studiert dort.
Ihr hört bald von mir …

BUBA

Wow, du Glückliche - nach Hamburg! Ich liebe diese Stadt, nur das Wetter dort nicht. Ich habe fünf Jahre lang in HH gelebt und habe wirklich sehr schöne Erinnerungen. Wenn du Zeit hast, musst du unbedingt zum „Michel". Das ist eine schöne Kirche.
Wenn das Wetter schön ist, musst du auf den Kirchturm steigen. Von oben hat man einen herrlichen Blick auf die Elbe, den Hafen, die Alster …
In der Nähe sind die „Landungsbrücken" und von dort aus kannst du mit der Fahrkarte für die U- oder S-Bahn eine Schifffahrt nach Blankenese machen. Das ist der reichste Stadtteil von Hamburg. Dort stehen die schönsten Häuser von Hamburg.
Am Abend besucht ihr bestimmt die Reeperbahn in St. Pauli. Viele sagen St. Pauli ist gefährlich. Das stimmt so nicht, aber man muss aufpassen.
Noch ein Tipp: Wenn du einkaufen möchtest, dann nicht in den Einkaufszentren an der Mönkebergstraße im Stadtzentrum, weil es dort sehr teuer ist. Man bekommt die gleichen Sachen viel günstiger z.B. in Altonaer Einkaufszentrum Merkado!
Ich wünsche dir viel Spaß und schönes Wetter und schreib mal wie es ist.

8 Sich verabreden

a Ergänze den Dialog. Hör zur Kontrolle. 补充对话。听录音，更正错误。

bis – Lust – Idee – warum – machst – Weil – um – ganzen – Zeit – joggen – ins

● Milena.

■ Hi, Milena, hier ist Georg, willst du am Freitag zum Heidelberger Herbst mitfahren?

● Ich glaube nicht, ich habe keine _____.

■ Schade, _____ kommst du denn nicht mit?

● _____ ich Stadtfeste nicht mag.

■ Und was _____ du am Samstag?

● Wollen wir _____ gehen?

■ Ja, super, wie lange hast du _____?

● Den _____ Tag.

■ Super, dann gehen wir morgens joggen und abends dann _____ Kino.

● Klar, klasse _____.

■ Ich hol dich _____ 10 ab.

● Ja, klasse, _____ Samstag dann.

b Ordne die Mitteilungen und schreib den Dialog. 将下面的信息按正确顺序进行排列，写成对话。

– Schade. Und wie sieht es mit Samstag in einer Woche aus?

– Oh, das ist blöd. Und Sonntag?

– Ok. bis morgen in der Schule dann.

– OK. Dann treffen wir uns am Samstag um 11 zum Joggen.

– Das geht.

– Georg, ich kann am Samstag nicht. Meine Tante hat Geburtstag.

– Sonntag geht auch nicht. Da kommen mein Opa und meine Oma zu Besuch.

– Super. Aber wir sehen uns ja in der Schule.

1. *Georg, Ich kann am Samstag nicht.* _____
   _____

2. _____
   _____

3. _____
   _____

4. _____
   _____

5. _____
   _____

6. _____
   _____

7. _____
   _____

8. _____
   _____

Hörstudio

a Hör das Interview mit vier Schülerinnen und Schülern.
Welches Foto passt zu wem? 听对四个学生的采访。哪张照片与谁相匹配。

Sandra

Oskar

Piet

Lili

A

B

C

D

b Hör noch einmal. Kreuze an. Was ist richtig: a , b oder c ? 再听一遍，判断正误。请画叉。

1. Die Schüler
   a sind alle Deutsche.
   b kommen alle aus Deutschland.
   c leben zur Zeit alle in Deutschland.

2. Sie sind
   a alle gleich alt.
   b zwischen 15 und 17 Jahre alt.
   c zwischen 17 und 20 Jahre alt.

3. Oskar mag seine Geburtstage,
   a weil da alle Freunde kommen.
   b weil er von seiner Oma viel Geld bekommt.
   c weil seine Eltern alles organisieren.

4. Piet
   a macht beim Stadtfest Musik.
   b organisiert seinen Geburtstag selbst.
   c feiert nicht gern.

5. Sandra mag Weihnachten,
   a weil es Geschenke gibt.
   b weil sie die Weihnachtsstimmung liebt.
   c weil sie gerne in die Kirche geht.

6. Lili sagt, dass
   a sie die Musik beim Frühlingsfest liebt.
   b 300 Millionen Chinesen verreisen.
   c es beim Frühlingsfest gutes Essen gibt.

7. Lili findet das chinesische Frühlingsfest
   a schöner als das Neujahrsfest.
   b nicht ganz so schön wie Weihnachten.
   c genauso schön wie das Neujahrsfest.

Meine Ecke

a Wie viele Wörter aus Kapitel 9 findest du in
der Wörterschlange? Es sind alles Nomen.
从这个蛇字中你可找出第 9 单元中的多少单词？都是名词。

b Mach eine Wörterschlange mit Wörtern aus
Kapitel 8 und 9. Tauscht in der Klasse.
用第 8/9 单元的单词排一个蛇字，在课堂上作交流。

WEIHNACHTSPLÄTZCHENSTADTFESTMUSIKVERANSTALTUNGPROGRAMMFEUERWERKNEUJAHRWEIHNACHTSZERTWERWANDTESÜSSIGKEITSCHOKOLADEKARNEVALCEBURTSTACKONZERTROSENMONTAGVOLKSFESTWAHNSINNNACHTERBAHNHOCHZEITOSTERHASE

Mach die Übungen. Kontrolliere im Schlüssel auf Seite 86 und kreuze an:
做下列练习，核对第 86 页上的答案。请画叉：

😊 das kann ich gut   😐 das kann ich einigermaßen   😞 das muss ich noch üben.

1   Nach Informationen fragen   **Schreib die Fragen. 连词成句。**

1. sagen, / wann / du mir / anfangen / Kannst / die Sommerferien / ?

_____

2. Weißt / ob / anfängt / die Schule / am 15. September / du, / ?

_____

3. das große Fest / Wer / in München / weiß, / heißt / wie / ?

_____

2   Zustimmen und widersprechen   **Schreib die passende Reaktion zu 1–4. Es gibt mehrere Möglichkeiten. 对句子（1–4）写出正确的反应。答案不是唯一。**

Das stimmt so nicht ganz. – Ja, das denke ich auch. – Das ist falsch. – Das ist richtig.

1. Ich denke, morgen ist ein guter Tag zum Joggen. _____

2. Ostern ist nicht so wichtig wie Weihnachten. _____

3. In Deutschland feiern alle ihren Geburtstag. _____

4. Die deutschen Familien haben drei und mehr Kinder. _____

3   Gemeinsame Aktivitäten planen   **Ordne zu. Es gibt mehrere Möglichkeiten. 将 1–8 与 a)–h) 相匹配。答案不是唯一。**

1. Was willst du in den Ferien machen?   _____ a) Drei Wochen.

2. Wann willst du gehen?   _____ b) Einverstanden.

3. Kann ich mitkommen?   _____ c) Gleich am ersten Ferientag.

4. Warum gehen wir nicht zum Stadtfest?   _____ d) Ich nicht. Ich muss heute lernen.

5. Wer kommt heute mit ins Kino?   _____ e) Ich habe keine Zeit.

6. Wie lange hast du Zeit?   _____ f) Weil ich keine Lust habe.

7. Wollen wir morgen wandern gehen?   _____ g) Nein, ich komme nicht mit.

8. Warum?   _____ h) Eine Fahrradtour.

4   Informationen zu Veranstaltungen verstehen   **Hör zu. Was ist richtig? Kreuze an. 听录音，判断正误。请画叉。**

1. Der Heidelberger Herbst ist
   a ein Gemüsemarkt.
   b ein Stadtfest.
   c ein Konzert.

2. Bei dem Konzert in Mannheim spielen
   a nur HipHop Gruppen.
   b viele Jazz-Bands.
   c verschiedene Bands.

3. Das Thema von dem Theaterstück ist
   a eine berühmte Frau.
   b eine Blume.
   c eine Jugendliche.

4. Die Party im Jugendclub
   a kostet nichts.
   b kostet 6 Euro.
   c kostet 12 Euro.

Seite 14

Bis bald! . . . .
dabei sein . . . .
der Eingang, "-e . . . .
sonnig . . . .
umso . . . .
· umso mehr/besser . . . .
der Wahnsinn, (nur Sg.) . . . .
· Die Achterbahn
ist Wahnsinn! . . . .
ander- . . . .
· ein anderes Volksfest . . . .

Seite 15

braten . . . .
· Bis um wie viel Uhr? . . . .
der Musiker, – . . . .
die Musikerin, -nen . . . .
präsentieren . . . .
echt gut . . . .
klasse . . . .
zu Ende sein . . . .
der Höhepunkt, -e . . . .
· kurz vor/nach den Ferien . . . .
der Zuschauer, – . . . .
die Zuschauerin, -nen . . . .
verkleidet . . . .
die Tonne, -n . . . .
· 150 Tonnen Süßigkeiten . . . .
wissen . . . .

Seite 16

der Tannenbaum, "-e . . . .
deutschsprachig . . . .

einladen . . . .
die Feier, -n . . . .
· Ich denke, das ist
richtig/falsch. . . . .
Das stimmt (nicht). . . . .
der Unsinn, (nur Sg.) . . . .
· Unsinn! . . . .
· Das glaube ich nicht. . . . .

Seite 17

etwas anziehen . . . .
· gute Kleider anziehen . . . .
zuletzt . . . .

Seite 18

die Diskussion, -en . . . .
diskutieren . . . .
die Gelegenheit, -en . . . .
das Jahrhundert, -e . . . .
jugendlich . . . .
der Markt, "-e . . . .
politisch . . . .
der Eintritt, -e . . . .
· Eintritt frei . . . .
die Region, -en . . . .

Seite 19

gegen . . . .
· Ich komme gegen 20 Uhr. . . . .
den ganzen Tag . . . .
mitmachen . . . .
einverstanden sein . . . .
· Einverstanden! . . . .

Feste auf Deutsch

das Geburtstagsfest, -e
das Osterfest, -e
das Hochzeitsfest, -e
das Schulfest, -e
das Stadtfest, -e
das Volksfest, -e
das Weihnachtsfest, -e

Das gehört zu Festen

das Osterei, -er
der Osterhase, -n

der Tannenbaum, "-e
das Weihnachtsplätzchen, –
das Weihnachtslied, -er

der Geburtstagskuchen, –
das Geburtstagsgeschenk, -e

die Hochzeitstorte, -n
das Hochzeitsgeschenk, -e

Fahrgeschäfte auf dem
Volksfest/Jahrmarkt

das Riesenrad, "-er
die Achterbahn, -en
das Karussell, -s
der Free-Fall-Tower, -
der Autoscooter, -

1 Alles ist anders.

a Du hörst drei Dialoge. Welche Reaktion a, b oder c passt zu welchem Dialog?
听三个对话。哪种反应（a、b 还是 c）可与哪个对话配对？

a ☐ Du warst bestimmt sehr müde.

b ☐ Bring uns doch etwas mit, wenn du nach Deutschland kommst.

c ☐ Du freust dich bestimmt, wenn du in Deutschland wieder anziehen kannst, was du willst.

b Was passt zusammen? Verbinde die Sätze mit *sondern*: 1–4 mit a-d und 5-8 mit e–h.
用 sondern 连接句子。将 1–4 与 a)–d) 相匹配，将 5–8 与 e)–h) 相匹配。

1. Hier gibt es **keinen** Reis,	a) die Sonne scheint.
2. Mist, ich habe **nicht** Aufgabe 9 gemacht,	b) immer Brot.
3. Er trinkt **nie** Milch,	c) Aufgabe 8.
4. Wir haben Glück. Es regnet **nicht**,	d) immer Limonade.
5. Er spielt **nicht nur** gut Fußball,	e) auch zu jedem Essen Brot.
6. Wir haben Pech, es regnet **nicht nur**,	f) auch noch einen Aufsatz schreiben.
7. Heute müssen wir **nicht nur** Mathe lernen,	g) es ist auch noch kalt.
8. Hier gibt es **nicht nur** Reis und Nudeln,	h) fährt auch Ski wie ein Weltmeister.

c Schreib Sätze mit *sondern* wie im Beispiel. 参照示例，用 sondern 写句子。

1. Heute gibt es …   2. Ihr Hobby ist …   3. Sie kann … spielen   4. Er isst nicht gerne …

Heute gibt es keine Nudeln, sondern Kartoffeln.

2 Deutschland und euer Land

a Ergänze den Text mit den Verben in der richtigen Form. 用下列动词的正确形式补充课文。

~~aufstehen~~ – beginnen – chillen – essen – gehen – gehen – haben – haben – hören – können – können – machen – machen – machen – mögen – müssen – sein – treffen – vergessen

Mein Freitag: Freitags _stehe_ ich immer früh _auf_, weil ich schon zur ersten Stunde (um 7.45 Uhr) in der Schule

sein _____. Ich _____ sechs Stunden Unterricht und _____ dann in der

Schulkantine zu Mittag. Nachmittags _____ ich Schwimmtraining. Hausaufgaben _____

ich freitags nicht, denn die _____ ich auch am Samstag oder Sonntag _____.

Freitagabend _____ das Wochenende. Meistens _____ ich abends meine Freunde,

dann _____ wir manchmal ins Kino, manchmal _____ wir auch eine Party.

Wenn nichts Besonderes los _____, dann _____ wir einfach, _____

Musik oder _____ in die Stadt. Ich _____ den Freitagabend sehr, denn dann

_____ ich die Schule erst mal _____ und habe Zeit für meine Freunde.

Valentin aus Kulmbach

b Schreib einen Text über deinen Freitag. Vergleiche deinen Text mit den Informationen von Valentin.
写一篇文章讲述你周五是怎么过的。将你的文章与 Valentin 的信息作比较。

3 **Mach dir keine Sorgen!**

Hören üben – Verstehen, auch wenn man ein Wort nicht versteht. Hör zu und rate. Was bedeutet wahrscheinlich „krrz"? 听录音，猜一猜，"krrz" 可能是什么意思？

1. „krrz" = _____   2. „krrz" = _____   3. „krrz" = _____

4 **Linda möchte ins Ausland gehen.**

a Ergänze die Wörter im Formular und schreib die passende Frage.
将表格中的单词填入下题，写出正确的问句。

| burts | da | lien | Fa | | Vor | | Un | | Ge | ter |
| me | | na | ort | schrift | Ge | burts | na | mi | tum | me |

_____ : Peters   _Wie ist dein Familienname?_ _____

_____ : Linda   _____

_____ : 1.1.2000   _____

_____ : München   _____

_____ : _Linda Peters_

b Schreib die Fragen in der Sie-Form ins Heft.
用 Sie 的形式把问句写到练习本上。

Wie ist Ihr Familienname?

5 **Linda in Shanghai – die Wohnung der Gastfamilie**

a Ergänze die Wörter mit Artikel und Plural. 填入单词并附上冠词和复数形式。

b Hör zu und vergleiche mit der Zeichnung. Kannst du die neun Fehler korrigieren?
听录音，并与图片作比较。你能纠正九个错吗？

Das Klavier steht nicht hinter der Tür. Es steht an der Wand rechts.

6 **Phonetik – Wiederholung lange und kurze Vokale**

a Ist der Vokal lang _ oder kurz ·? Lies die Regel im Schülerbuch auf Seite 24 und markiere die Wortakzente. 元音发长音（–）还是发短音（·）？读一读学生用书第 24 页上的规则，标出词重音。

Koffer packen   Spaghetti mit Soße   Keine Ahnung!   einen Brief schicken
Viele Grüße!   Willkommen in unserer Wohnung!   Das Gepäck ist auf dem Stuhl.
Das ist ein bisschen gefährlich.

b Lies die Wörter laut. Hör zu und vergleiche. 大声朗读单词。听录音并作比较。

7 Auspacken

Schreib Sätze zu den Zeichnungen wie im Beispiel. 看图，参照示例写句子。

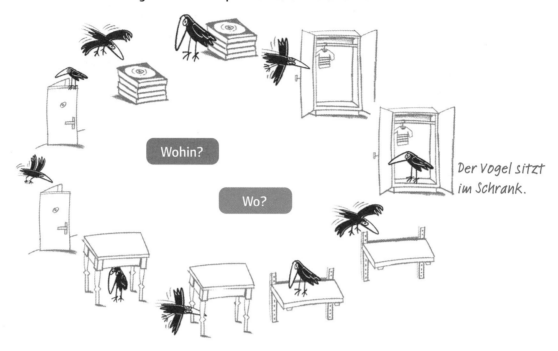

Wohin?

Wo?

Der Vogel sitzt im Schrank.

8 *Liegen, legen, sitzen, setzen, stehen, stellen*

a **Beschreib die Bilder.** 描述图片。

Der Stift _____

Tina _____

Der Stift _____

Die DVDs _____

Tina _____

Die DVDs _____

b **Ergänze die Partizipien und schreib die Sätze aus 8a im Perfekt.** 补充分词，将8a的句子改写成现在完成时。

1. liegen – hat _____

2. legen – hat _____

3. stehen – hat _____

4. stellen – hat _____

Gestern hat der Stift auf dem Tisch gelegen.
Gestern hat Tina den Stift ...

9 Christo kommt nach München.

Ordne den Dialog und hör zur Kontrolle. 整理对话。听录音，更正错误。

● Müller.

■ ☐ _____

● Hallo, Christo, wie geht's, hast du meine Mail bekommen?

■ ☐ _____
_____

● Ja, natürlich, Christo, ich habe eine E-Mail geschrieben, hast du die E-Mail bekommen?

■ ☐ _____
_____

● Wunderbar, wir holen dich ab. Wir freuen uns schon!

■ ☐ _____
_____

● Bis Freitag, und guten Flug!

■ ☐ _____

1. ■ Ja, ich habe sie bekommen, deshalb rufe ich an. Ich komme am Freitag in München an. Um 8 Uhr am Flughafen.

2. ■ Entschuldigen Sie, Frau Müller, ich habe nicht verstanden. Können Sie noch einmal wiederholen?

3. ■ Ich freue mich auch. Bis Freitag, auf Wiederhören.

4. ■ Danke.

5. ■ Guten Tag, hier ist Christo Popov.

10 Aktivitäten in Hamburg

a Welcher Satz passt zu welchem Bild? 哪个句子与哪张图片匹配？

1. Sie joggen im Park.

3. Er geht auf der Straße.

2. Sie joggen in den Park.

4. Er geht auf die Straße.

b Was passt zusammen? Schreib die Aussagen und die Fragen.
将 1–6 与 a)–h) 相匹配。写句子并进行提问。

1. Bleibst du lange
2. Ich gehe
3. Sie wohnt
4. Welcher Film läuft
5. In den Ferien waren wir
6. Nächste Woche fliegen wir

a) in die Stadt
b) in der Stadt
c) im Kino
d) ins Kino
e) ins Ausland
f) im Ausland
g) ans Meer
h) am Meer

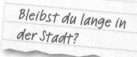

Bleibst du lange in
der Stadt?

c Ergänze die richtige Präposition mit Artikel. 填入正确的介词和冠词。

im – im – in ein – in die – in die – in die – in der – in meiner – in meiner

---

Neue Mail   ⇨ **Senden**

Liebe Mama, lieber Papa, liebe Lulu,

tut mir leid, dass ich so lange nicht geschrieben habe. Ich hatte einfach keine Zeit, hier ist so viel los.

Gestern waren wir _____ Kino. Ich habe fast nichts verstanden, aber es hat Spaß gemacht.

Danach sind wir noch _____ Restaurant gegangen. Sehr lecker! Das war gestern Abend. Heute

Morgen bin ich natürlich _____ Schule gegangen. _____ Klasse sind wir 28.

_____ Pause haben zwei Mädchen eine Schulführung mit mir gemacht. Wir sind _____

Kantine und _____ Sporthalle gegangen. Hier ist alles schicker als _____ Schule

in Deutschland. Es gefällt mir gut. Vielleicht bleibe ich ja hier? ☺ War nur ein Spaß, Lulu, ich komme schon

wieder.

Jetzt muss ich wieder los, wir wollen uns mit zwei anderen _____ Park treffen. Heute Abend

muss ich aber zu Hause bleiben, wir haben ziemlich viele Hausaufgaben! ☹

Viele Küsse

Linda

---

11 Austauschberichte

Ergänze die Wörter. Schwer? Dann lies die Texte im Schülerbuch noch einmal.
填写单词。如有困难，可再读一遍学生用书中的短文。

1. Am Dreiländereck kann man ... in drei verschiedenen Ländern sein.

2. Heute war nichts Besonderes, der Tag war ....

3. Das Gegenteil von hell ist ....

4. Wenn man im Ausland ist und am liebsten wieder nach Hause möchte, dann hat man ....

5. Sehr, sehr schön.

6. Der Bus hält an der .... Dort kann man ein- und aussteigen.

7. Kennst du meine Schwester? – Nein, aber ich möchte sie gerne ....

8. Dein Freund / Deine Freundin ist im Ausland. Du möchtest, dass er/sie wieder da ist. Du v... ihn/sie sehr.

Lösungswort: 答案词:

Wenn man im Ausland ist, muss man ▢▢▢▢▢▢▢▢ sein können.

Hörstudio – Interview mit einer Austauschschülerin

🔊 **a** Janina erzählt vom Leben in ihrer Gastfamilie. Was ist richtig? Hör zu und kreuze an.
Janina 讲述她在寄宿家庭的生活。判断正误。听录音，请画叉。

☐1 Es gefällt ihr sehr gut.

☐2 Einiges gefällt ihr gut, anderes mag sie nicht.

☐3 Es gefällt ihr nicht.

b Was machen sie in der Familie? Was hörst du? Hör noch einmal und kreuze an.
他们在家里做什么？你听到了什么？再听一遍，请画叉。

☐1 zusammen DVDs gucken

☐2 Spiele spielen

☐3 zusammen ins Kino gehen

☐4 zusammen essen

☐5 über den Tag reden

☐6 Verwandte besuchen

☐7 über das Land berichten

☐8 Bilder von dem Land zeigen

☐9 sich über Geschichte unterhalten

c Überlege: Wie findest du das Leben in Janinas Gastfamilie? 你觉得 Janina 寄宿家庭的生活如何？

Meine Ecke – Rätselwörter

a Tausche die Silben und finde die Wörter. 交换音节，找出单词。

Tepter und **Fenspich**   Bocke und **Deden**   Klaze und **Pflanvier**

🔊 **b** Hör zu und finde die Wörter. 听录音，找出单词。

1. *Regal* _____ und _____

2. _____ und _____

3. _____ und _____

Mach die Übungen. Kontrolliere im Schlüssel auf Seite 86 und kreuze an:
做下列练习，核对第 86 页上的答案。请画叉：

☺ das kann ich gut   ☺ das kann ich einigermaßen   ☹ das muss ich noch üben.

1 Über Ängste und Sorgen sprechen, jemanden beruhigen   **Ordne 1–3 und a–c zu.**
将 1–3 与 a)–c) 相匹配。

☐ ☺
☐ ☺
☐ ☹

1. Hoffentlich finde ich Freunde.

2. Ich habe Angst, dass ich alles falsch mache.

3. Und wenn ich Heimweh bekomme?

_____ a) Mach dir keine Sorgen. Du lernst bald Leute kennen.

_____ b) Dann können wir doch skypen.

_____ c) Das macht doch nichts. Jeder macht mal Fehler.

2 Länder vergleichen   **Deutschland und dein Land: Schreib je zwei Sätze im Heft.**
中国和德国：在练习本上各写两句对比句。

☐ ☺
☐ ☺
☐ ☹

1. Familien   Die Familien bei uns … In Deutschland …
2. Kleidung   Deutsche Jugendliche … Jugendliche in …
3. Schule   Die Schüler in Deutschland … Wir …
4. Verkehr   Bei uns … In Deutschland …

3 Zimmereinrichtung beschreiben   **Schreib die Sätze wie im Beispiel.** 参照示例，写句子。
stellen · legen · hängen – in · hinter · auf

☐ ☺
☐ ☺
☐ ☹

1. Ich / die DVDs / das Regal

Ich stelle meine DVDs ins Regal.

2. Ich / meine Schultasche / die Tür

_____

3. Sie / ihren Pullover / das Regal

_____

4. Er / seinen Anzug / der Schrank

_____

4 Verständigungsprobleme klären   **Hör zu und kreuze an: richtig oder falsch?**
判断正误。听录音，请画叉。

☐ ☺
☐ ☺
☐ ☹

1. Mika bleibt drei Wochen in Deutschland.   R F
2. Tobys Bruder geht auch in Mikas Schule.   R F
3. Mika kennt Tobys Bruder.   R F
4. Mika gefällt es nicht so gut in Deutschland.   R F
5. Mika schwimmt gern.   R F
6. Toby trainiert im Verein.   R F
7. Toby und Mika gehen am Donnerstag zusammen trainieren.   R F

Seite 21

das Essen, – ....

die Schuluniform, -en ....

Seite 22

nicht/kein … sondern ....

· Es gibt keine Kartoffeln, ...
  sondern Reis. ....

nicht nur … sondern auch ....

· Im Winter ist es nicht nur kalt, ...
  sondern auch dunkel. ....

der Schulweg, -e ....

der Verkehr, (nur Sg.) ....

das Klima, (nur Sg.) ....

Seite 23

die Angst, "-e ....

· Angst haben ....

· Ich habe Angst, dass ich ....
  alles falsch mache.

· Das macht doch nichts. ....

beruhigen ....

die Beruhigung, -en ....

etwas besprechen ....

der Fehler, – ....

· (einen) Fehler machen ....

vielleicht ....

hoffentlich ....

· Mach dir keine Sorgen! ....

bestimmt ....

· Das ist bestimmt ....
  kein Problem. ....

sicher ....

· Die helfen dir sicher. ....

· Was mache ich, wenn …? ....

allein sein ....

die Erfahrung, -en ....

das Geburtsdatum, -daten ....

ideal ....

· jedes zweite Wochenende ....

das Land (≠ Stadt: nur Sg.). ....

· auf dem Land ....

· in der Stadt ....

mittelgroß ....

offen sein ....

· Ich möchte offen sein. ....

die Unterschrift, -en ....

Seite 24

der Balkon, -s ....

Seite 25

der Ausweis, -e ....

sitzen, hat gesessen ....

setzen, hat gesetzt ....

stehen, hat gestanden ....

stellen, hat gestellt ....

liegen, hat gelegen ....

legen, hat gelegt ....

hängen, hat gehangen ....

hängen, hat gehängt ....

Seite 26

klappen ....

· Es hat geklappt! ....

der Busbahnhof, "-e ....

das Gleis, -e ....

Gute Idee! ....

Seite 27

· Ich habe keine Ahnung. ....

die Dunkelheit, (nur Sg.) ....

komisch ....

lebendig ....

wunderschön ....

· Es war wunderschön. ....

zurückfahren ....

das Heimweh, (nur Sg.) ....

· Ich habe Heimweh. ....

Viele Gäste

das Gastland, "-er

der Gastvater, "-er

der Gastbruder, "-er

die Gastmutter, "-er

die Gastschwester, -n

die Gastfamilie , -n

die Gastfreundlichkeit, (nur Sg.)

Adjektive: einige Gegensatzpaare

wunderschön – schrecklich/furchtbar

positiv – negativ

lebendig – tot/langweilig

richtig – falsch

! das Gasthaus = das Restaurant

PRÜFUNGSTRAINING FIT A2

Lesen: Teil 1

Du liest einen Zeitungstext. Wähle bei den Aufgaben 1 bis 5 die richtige Antwort: a, b oder c.
阅读报纸文章。选择正确答案。

Ein gut trainierter Körper ist wichtig. O.k! Aber was ist mit dem Kopf? Den muss man auch fit halten. Und wie macht man das?

Zum Beispiel mit Schach. Diese Sportart braucht Strategie und gute Konzentration (und dazu muss man übrigens auch körperlich fit sein).

Schach ist das beliebteste Brettspiel in Deutschland. Im Deutschen Schachbund gibt es ca. 87.000 aktive Schachspieler und -spielerinnen in 2700 Vereinen. Davon sind knapp 30.000 Jugendliche. Schach macht Spaß!

Jedes Jahr findet in Hamburg eines von den größten Schulschachturnieren der Welt statt: rechtes gegen linkes Alsterufer. Die Alster ist ein Fluss und fließt durch Hamburg. Beim Hamburger Schulschachtreffen spielen Schachmannschaften aus Schulen von rechts von der Alster gegen Mannschaften aus Schulen von links von der Alster. Austragungsort des Turniers ist seit vielen Jahren der große Saal im Congress Centrum Hamburg. Das Turnier gibt es schon seit 1958. In diesem Jahr haben über 300 Mannschaften mit fast 2500 Schülern von 5 bis 21 Jahren aus 130 Hamburger Schulen mitgemacht. Noch mehr Schüler waren es 1988. Damals haben 3616 Schüler in 452 Mannschaften aus 161 Schulen am Turnier teilgenommen. Das war ein Weltrekord und steht im Guinness-Buch der Rekorde.

Mannschaften von rechts der Alster haben bis jetzt nicht so oft gewonnen. Nur 17 Mal in 54 Jahren waren sie besser als die Mannschaften von links der Alster. Auch in diesem Jahr haben die Favoriten wieder gewonnen und ihren Vorsprung auf 37 Siege ausgebaut.

1. Wer gut im Schach sein will, muss
a auch körperlich fit sein.
b gut in der Schule sein.
c im Deutschen Schachbund sein.

2. Es gibt in Deutschland
a 2700 Sportvereine.
b 87.000 Schachspieler.
c 30.000 Vereine.

3. Beim Hamburger Schachturnier spielen
a Mannschaften aus Schulen.
b Jugendliche aus Schachvereinen.
c Schüler gegen Lehrer.

4. Das Turnier gibt es seit
a 1988.
b 21 Jahren.
c 1958.

5. Die Mannschaft von links der Alster hat
a einen Weltrekord aufgestellt.
b am meisten gewonnen.
c 17 Mal gewonnen.

Lesen: Teil 2

Du bist in Bammental. Du liest das Ferienprogramm von der Gemeinde. Lies die Aufgaben 1 bis 8 und den Text. Welche Anzeige passt? Wähle die richtige Antwort a, b oder c.

阅读题目 1–8 和短文。哪个广告合适? 选择正确的答案。

Abenteuer mit Pferden Workshops 1.8. 10.00 – 13.00 Uhr 2.8. 15.00 – 18.00 Uhr Alter: 10 bis 16 Jahre Treffpunkt: Bambihof Kosten: 5 Euro	**Flohmarkt** Wie in jedem Jahr heißt es am ersten Samstag in den Ferien: Es ist Flohmarktzeit. Speicher und Keller werden durchsucht und man geht zum Flohmarkt, auf den Marktplatz. Datum: 31. Juli, 10 bis 18 Uhr Kosten: keine	**Wir fahren nach Heidelberg** Am 3. August fahren wir nach Heidelberg in den Zoo. Kosten: 10 Euro Teilnehmer/innen: 20 Treffpunkt: Busbahnhof Dauer: 9:45 – 16:30 Hinweis: Essen und Trinken bitte mitbringen.
Es war einmal … Märchen im Rathaus  An jedem Montag im August erzählt die Märchen-erzählerin Katrin Göting-Eckart ein Märchen. Ort: Rathaus Dauer: 17 Uhr bis 17 Uhr 45 Alter: 4 – 8. Kosten: keine	**Umweltdetektive** Am 10. August von 10-12 Uhr könnt ihr viel zum Thema „Wald" lernen. Anschließend Mittagsessen im Naturfreundehaus. Veranstalter: Naturschutzorganisation Alter: jung und alt Kosten: 6,00 € Treffpunkt: Naturfreundehaus	**Die Römer bei uns** Wir besuchen gemeinsam die alte Stadt Ladenburg am Neckar. Diese Stadt haben die Römer vor mehr als 2000 Jahren gegründet und man kann viel über das Leben in dieser Zeit lernen. Termin: 11. August, 9.45 bis 16 Uhr 
Wir spielen Minigolf Am 4. und 11. August in der Zeit von 15 bis 18 Uhr können Jugend-liche von 12 bis 16 Jahren Minigolf spielen. Kosten: keine Achtung: keine Aufsicht! Ort: Minigolfanlage	**Trommelworkshop** 8. August, 9–11 Uhr 15. August, 9–11 Uhr Veranstalter: Musikschule Alter: 7–16 Jahre Kosten: 12 € Treffpunkt: Bürgerhaus, Hauptstr. 57	**Spielenachmittag** 7. August, 14-17 Uhr Alter: 6 – 12 Jahre Kosten: 3,00 € Treffpunkt: Kinder- und Jugendhaus Hinweise: Bitte sportliche Kleidung mitbringen. Wir spielen keinen Fußball!

1. Du möchtest Musik machen. Das geht
   - a am 8. August.
   - b am 9. August.
   - c am 11. August.

2. Du möchtest Fußball spielen. Das geht
   - a am 7. August.
   - b am 4. August.
   - c gar nicht.

3. Die Märchenstunde ist
   - a immer dienstags.
   - b nur für Kinder.
   - c für alle.

4. Das Minigolfangebot
   - a kostet 3 Euro.
   - b ist an zwei Tagen kostenlos.
   - c ist für Kinder.

5. Du magst Geschichte und fährst mit nach
   - a Heidelberg.
   - b Bammental.
   - c Ladenburg.

6. Der Naturschutz-bund hat ein Angebot für
   - a alle.
   - b Kinder bis 8.
   - c Jugendliche ab 12.

7. Die Fahrt zum Zoo kostet
   - a 12 Euro.
   - b 10 Euro ohne Essen.
   - c 10 Euro mit Getränken.

8. Zum Spielenach-mittag braucht man
   - a nichts.
   - b Sportkleidung.
   - c einen Ball.

Lesen: Teil 3

Du liest eine E-Mail. Wähle bei den Aufgaben 1 bis 5 die richtige Antwort: a , b oder c .
读电子邮件，选择正确答案。

Neue Mail ⇨ **Senden**

Hallo, Vanni,

ich muss dir unbedingt gleich schreiben. Ich habe dir ja erzählt, dass unsere Schule eine Partnerschule in Österreich hat, in Graz. Sie wollen jetzt einen Schüleraustausch zwischen dieser Schule und
unserer Schule organisieren. Er soll in unseren Sommerferien, also in eurem Winter, zum ersten Mal
stattfinden. Es sollen Schüler aus der 9. Klasse für vier Wochen nach Österreich fahren und im Juli
kommen dann die Schüler aus Österreich zu uns. Es ist ein Experiment und in diesem Jahr dürfen
nur 12 Schülerinnen und Schüler nach Österreich. Und jetzt habe ich meine Eltern gefragt, ob ich da
mitmachen darf und sie haben ja gesagt. Dann habe ich in der Schule gesagt, dass ich gerne mitfahren
möchte. Wir mussten einen kleinen Test machen und einen Text schreiben. Thema: Warum willst du beim
Schüleraustausch mitmachen? Ich habe geschrieben, dass ich schon lange eine Freundin in Deutschland habe, dass ich gerne Fremdsprachen lerne und dass ich gerne mit Schülerinnen und Schülern aus
den deutschsprachigen Ländern mehr Kontakt haben möchte. Und: Sie haben mich genommen. Am 6.
Dezember geht es los und wir bleiben bis zum 6. Januar. Wir wohnen bei Gastfamilien und unsere Aus-
tauschpartner kommen dann im Juli zu uns. Ich finde das toll. Die Schule ist in Graz, aber wir machen
auch Ausflüge nach Wien und in die Alpen zum Skifahren. Vielleicht kannst du mich mal besuchen oder
auch zum Skifahren kommen. Ich schreib dir dann noch die genauen Daten. Anbei noch ein Foto von
mir und Tuck. Er ist jetzt schon richtig groß.

Alles Liebe
Christine

---

1. Warum schreibt Christine an Vanni?

a Ihre Schule hat eine neue Partnerschule.

b Es gibt einen neuen Schüleraustausch.

c Ihre Familie fährt nach Graz.

2. Wie viele Schülerinnen und Schüler
   fahren nach Graz?

a 9.

b 12.

c Alle 9. Klassen.

3. Wie hat die Schule die Teilnehmer/innen
   ausgewählt?

a Sie mussten etwas schreiben.

b Sie mussten mit dem Lehrer sprechen.

c Sie mussten ein Projekt präsentieren.

4. Wann findet die Reise statt?

a Am Jahresende.

b Nach Weihnachten.

c Nach Neujahr.

5. Wo wohnt Vanni?

a Sie wohnt in Wien.

b Sie wohnt in Graz.

c Das sagt der Text nicht.

Schreiben: Teil 1

**Deine Freundin Tara schickt dir eine
Nachricht mit Foto. Antworte Tara.**

– Schreibe und begründe: Wie findest du das Foto?

– Stelle eine Frage zu dem Foto.

– Erzähle: Was machst du gerade?

你的女友 Tara 给你发了一条带图片的短信，回复她。

– 你觉得这张照片如何？说出理由。

– 对照片提一个问题。

– 讲一讲，你正在做什么？

Lesen: Teil 4

In einer Schülerzeitschrift liest du Anzeigen für Schülerinnen und Schüler.

Lies die Aufgaben 1 bis 5 und die Anzeigen A bis F. Welche Anzeige passt zu welcher Person? Für eine Aufgabe gibt es keine Lösung. Markiere so: X.

读题目 1–5 和广告 A–F。哪个广告适合哪个人？有一道题是没有答案的，用 X 标出。

1. Rike möchte Ferien machen, aber auch ihr Englisch verbessern. _____
2. Oskar möchte eine Fahrradtour machen, aber zuerst muss er Geld verdienen. _____
3. Leo liebt Sprachen. In Englisch ist er gut, aber er möchte in Französisch besser sein. _____
4. Daniel mag Tiere und will in den Ferien ein bisschen Geld verdienen. _____
5. Silke liebt Wasser. Sie möchte in den Ferien weit weg von der Stadt sein. _____

6 Wochen Sommerferien – Was tun? – Hier ein paar Tipps.

Aktion pur in Österreich

Direkt an unserem Sportgästehaus gibt es ein Schwimmbad und eine Kletterwand. Wir haben auch Mountainbikes und Kanus. Nicht genug? Dann ab zum Fußball, Volleyball, Basketball oder Tischtennis.

Nach einem tollen Tag erwarten euch am Abend verschiedene Shows und eure Lieblingsbeats im Club.

Anbieter: Jugendferienaktion

Spaß mit Sprache

Bournemouth, die Universitätsstadt mit ihrem internationalen Flair, hat viele Attraktionen. Mehrere Ausflüge bringen dich z. B. zum Shoppen nach London und zum Corfe Castle. Neben dem Unterricht am Morgen gibt es jeden Tag ein Freizeitangebot.

14 Übernachtungen bei Gastfamilien.

Anbieter: Jugendferienaktion

Sportlich, aber kein Geld zum Reisen?

Hier ist die Lösung:

Wir suchen vom 27. Juli bis zum 13. August dringend einen Fahrradkurier.

Du arbeitest 6 Stunden am Tag und verdienst 12 Euro die Stunde, also insgesamt bei 14 Arbeitstagen über 1000 Euro. Und damit kannst du dann noch drei Wochen Urlaub machen. Ist das ein Angebot?

Melde dich bei uns!

Magst du Tiere? Dann mach doch ein Ferienpraktikum im Zoo!

In der Zeit vom 27. Juli bis zum 25. August haben wir 2 Praktikumsplätze.

Du lernst die Arbeit im Zoo in vielen Bereichen kennen. Du kommst in direkten Kontakt mit vielen Tieren und hilfst unseren Tierpflegern bei ihrer Arbeit.

Das Praktikum ist unbezahlt, aber wir übernehmen die Fahrt- und Verpflegungskosten. Interessiert? Schreib an: „zoodirekt"...

Norwegen pur

Unsere Jugendreise ist für Abenteurer und Leute, die anpacken können. Fernab von Kühlschrank und Computer fahren wir in 4er-Kanus, genannt Kanadier, die Flüsse hinunter. Wir leben nach dem Motto „zurück zur Natur": kein Strom, kein fließendes Wasser und keine Sanitäranlagen, dafür aber Natur & Action.

Anbieter: Jugendferienaktion

Aushilfe gesucht

Wir suchen für die Sommerferien dringend eine Aushilfe für unser Tierheim.

Wir pflegen Haustiere, wenn ihre Besitzer auf Reisen sind, und das sind viele in den Sommerferien.

Wir zahlen 9 Euro die Stunde.

Arbeitszeit Mo-Fr 8 bis 17 Uhr.

Hören: Teil 1

Du hörst fünf kurze Texte. Du hörst jeden Text zweimal. Wähle bei den Aufgaben 1 bis 5 die richtige Lösung [a], [b] oder [c]. 听五篇短文，每篇听两遍。选择正确答案。

1. Warum war Hülya in Istanbul?
   [a] Sie hat ihren Onkel besucht.
   [b] Sie war dort ein Jahr in der Schule.
   [c] Sie wollte dort studieren.

2. Was meint Edson zum Auslandsjahr?
   [a] Er will auf keinen Fall von zu Hause weg.
   [b] Er will in die USA gehen.
   [c] Einige Zeit schon, aber nicht ein Jahr.

3. Für wen sind die Sprachreisen?
   [a] Für Jugendliche ab 14.
   [b] Für Schüler und Schülerinnen über 18.
   [c] Für Kinder und Erwachsene.

4. Warum ruft Hülya an?
   [a] Sie braucht ein Geschenk.
   [b] Sie will die Telefonnummer von Rick.
   [c] Sie will mit Freunden ins Schwimmbad.

5. Was gibt es im Freizeitbad?
   [a] Einen kostenlosen Schwimmunterricht.
   [b] Kostenlosen Eintritt für Jugendliche.
   [c] 45 Minuten Pause.

Hören: Teil 2

Du hörst ein Interview. Hör den Text einmal. Wähle für die Aufgaben 1–5 [Ja] oder [Nein]. 听一个采访，听一遍，判断正误。

1. Gregor hat ein Turnier gewonnen.
   [Ja] [Nein]

2. Er spielt gerne Fußball.
   [Ja] [Nein]

3. Gregors Vater hat früher Judo gemacht.
   [Ja] [Nein]

4. Gregor fährt immer mit dem Fahrrad zum Training.
   [Ja] [Nein]

5. Gregor isst gesund, aber auch mal einen Hamburger.
   [Ja] [Nein]

Schreiben: Teil 2

Dein Freund Lars will mit dir 10 Tage in Urlaub fahren. Seine Eltern gehen campen und er darf einen Freund mitbringen. 你的朋友 Lars 想和你一起度假 10 天。他的父母要去露营，而他可带一个朋友。

– Sage danke und sage, dass du kommst. – 你表示感谢并告诉他你会去。
– Informiere: Was kannst du mitbringen? – 你想了解，你可以带什么？
– Frage nach dem Ort vom Campingplatz. – 询问露营的地点。

Schreibe circa 25 Wörter, schreibe zu allen drei Punkten. 用大约 25 个单词写一写以上三点。

_____

_____

_____

_____

Hören: Teil 3

Du hörst ein Gespräch. Hör den Text einmal. 听一个对话，听一遍。

Was haben Lena, Jakob und ihre Freunde in den Ferien gemacht?

Lena，Jakob 和他们的朋友们在假期中做了什么？

Wähle für die Aufgaben 1 bis 5 ein passendes Bild aus **A** – **H**. Wähle jeden Buchstaben nur einmal.

Sieh dir jetzt die Bilder an. 给题目 1–5 选择合适的图片（A–H）。每个字母只可选一次。现在仔细看图片。

1. Lena

2. Jakob

3. Theo

4. Marko

5. Jana

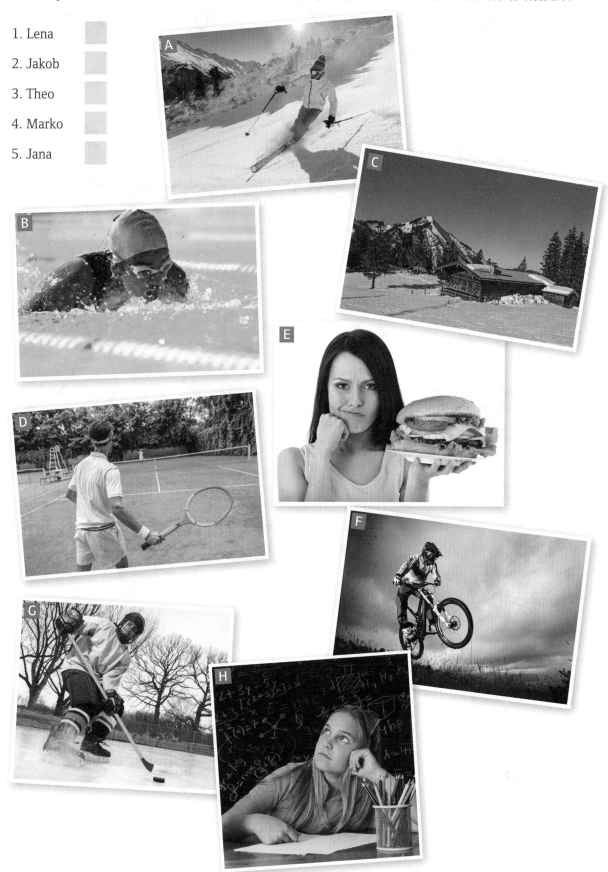

Hören: Teil 4

Du hörst fünf kurze Gespräche. Hör jeden Text zweimal. 听五篇简短的对话，每篇听两遍。
Wähle bei den Aufgaben 1 bis 5 die richtige Lösung a **,** b **oder** c **. 选择正确的答案。**

1. Was kauft das Mädchen?

a  b  c

2. Was hat der Junge am Wochenende gemacht?

a  b  c

3. Was gibt Magda Kevin?

a  b  c

4. Was macht der Junge am Wochenende?

a  b  c

5. Was ist der Traumberuf von Tarik?

a  b  c

Wortschatz trainieren

a Wörterrätsel – Ergänze und finde das Lösungswort. 字谜——填空并找出答案词。

1. Morgen ist der Biotest! Ich habe …, dass ich alles falsch mache!
2. Ah, du schaffst das schon! Mach dir keine …
3. Für diese Sportart braucht man ein Pferd.
4. Sonjas Cousine heiratet. Sonja braucht ein neues Kleid für die …
5. Mario hat seinen Arm … und muss jetzt einen Gips tragen.
6. … spielt man in der Mannschaft: 5 Spieler gegen 5 Spieler.
7. Entschuldige, dass ich jetzt erst komme: Mein Bus hatte 15 Minuten …

1. ⬜ ⬜ g ⬜ ⬜
2. ⬜ o ⬜ ⬜
3. R ⬜ ⬜
4. ⬜ ⬜ z ⬜ ⬜
5. ⬜ r ⬜ ⬜
6. ⬜ t ⬜
7. ⬜ ä ⬜

Lösungswort: Man geht für einige Zeit ins Ausland.

答案词:
1		2	3	4	5	6	7	8
	U							

b Zu welchen Verben passen die Wörter? Ordne zu. Es gibt mehrere Möglichkeiten.
这些词可与哪些动词搭配，请配对。答案不是唯一。

~~auf ein Fest~~ – zum Tennisspielen – eine Auslandsreise – Musik – ein Fußballspiel – zum Basketball-spiel – Volleyball – Rad – auf eine Hochzeit – eine Party – einen Schwimmkurs – Snowboard – ins Ausland – Motorrad – ein anderes Land – in den Sportverein – Sport – ins Schwimmbad – eine Fahrradtour – auf den Sportplatz – ein Foul – tanzen – Gitarre – Yoga – spazieren – Ski – Karten

machen	spielen	besuchen	gehen	fahren
			auf ein Fest	

1 Hauptstadt Berlin

a Ergänze die Fragen und ordne danach die Fragen (1–10) den Antworten a)–j) zu.
补充问句。将问句与回答相匹配。

Ist – Gibt es – Stimmt es, … – Welche – Wie – ~~Wie viele~~ – Wie viele – War – Wo – Wo

1. _____ liegt Berlin?

2. _____ Einwohner hat Berlin?

3. _____ heißen die Flüsse in Berlin?

4. _____ Sehenswürdigkeiten gibt es in Berlin?

5. *Wie viele* Theater und Kinos gibt es in Berlin?

6. _____ die Regierung immer in Berlin?

7. _____ arbeitet das Parlament?

8. _____ ein berühmtes Festival in Berlin?

9. _____ der „Karneval der Kulturen" im Februar?

10. _____ dass in Berlin Menschen aus 170 Ländern leben?

_5_ a) Das weiß ich nicht, aber es sind sehr viele.

_____ b) Ja, das Filmfestival „Berlinale".

_____ c) Zum Beispiel den Fernsehturm, den Zoo und die Museumsinsel.

_____ d) Havel und Spree.

_____ e) Im Osten von Deutschland.

_____ f) Im Reichstagsgebäude.

_____ g) Ja, das ist richtig.

_____ h) Nein, erst wieder seit 1999.

_____ i) Zurzeit sind es fast 3,5 Millionen.

_____ j) Nein, er ist im Frühsommer.

b Vergleiche Berlin mit deiner Heimatstadt. 将柏林与你的家乡作比较。

> Berlin liegt …, meine Stadt liegt …
>
> Berlin hat zwei Flüsse, meine Stadt hat …

2 Museumsbesuch

Ergänze die Sätze. 补充句子。

besuchen – besichtigen – geöffnet – geteilt – getrennt – Grenze

1. Die Mauer war die _____ zwischen Ost- und Westberlin.

2. Die Mauer hat Berlin in zwei Teile _____.

3. Die Mauer hat Familien _____.

4. Viele Menschen konnten ihre Verwandten nicht mehr _____.

5. 1989 hat man die Mauer _____.

6. Jetzt kann man Mauerreste vor allem in der „East Side Galery" _____.

Bemalter Mauerrest in Berlin.

3 Musik

Mach ein Assoziogramm zum Thema „Musik". Vergleicht in der Klasse. Wer hat die meisten Wörter?
制作一个主题为"音乐"的联想图并在课堂上作比较。谁写的单词最多？

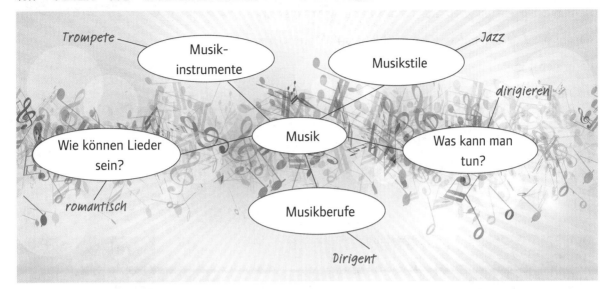

4 Unterwegs in der Stadt

a Was passt? Ordne die Sätze den Bildern zu. 将句子与图片相匹配。

1. Geh über die Straße.
2. Fahr über den Platz.
3. Fahr über die Kreuzung.

4. Geh auf der Straße.
5. Fahr auf den Platz.
6. Fahr an der Kreuzung rechts.

7. Geh über die Brücke.
8. Fahr auf dem Platz.
9. Fahr bis zur Kreuzung.

A

B

C

D

E

F

G

H

I

b Du bist in Berlin am Hauptbahnhof. Hör zu und zeichne den Weg in den Plan. Eine Wegbeschreibung ist falsch. Welche?
你在柏林的火车总站。听录音，在地图中画出一条路。有一个路线标识是错的。是哪一个呢？

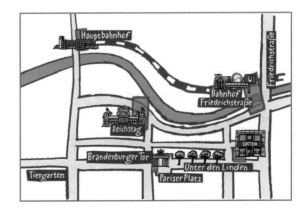

5 Hören üben

Hör zu, sprich nach und markiere die betonten Wörter. 听录音并跟读，标出重读单词。

<u>Geh</u> an der <u>näch</u>sten Kreuzung rechts, in die Bahnhofstraße,

die gehst du dann immer weiter, ungefähr 300 Meter,

dann siehst du auf der rechten Seite eine Kirche

und direkt neben der Kirche ist das Internetcafé.

6 Wegbeschreibung: U-Bahn/Bus …

a Finde die Wörter und ordne zu. Ergänze den Artikel und die Pluralform.
找出单词并配对。补充名词的冠词和复数形式。

Flug Stra bahn to Bahn Bus Ta S- zeug rad Fahr U- xi ßen Au Bahn

das Auto, -s

b Schreib die Anweisungen (Imperativform) wie im Beispiel. 参照示例，写命令句。

1. nehmen / Sie / die S-Bahn Richtung Potsdam / .   _Nehmen Sie die S-Bahn Richtung Potsdam._

2. weiterfahren / Sie / noch fünf Stationen / .

3. umsteigen / Sie / in die U6 / .

4. aussteigen / Sie / an der zweiten Station / .

c Ergänze die Wörter. Hör zur Kontrolle. 补充单词。听录音，更正错误。

komme – weit – nehmen – fahren – da – muss – Richtung – Stationen – direkt

● Entschuldigung, können Sie mir sagen, wie ich zum Mauermuseum _____?

■ Das ist _____, da müssen Sie die U-Bahn _____. Am
besten _____ Sie mit der U6.

● Können Sie mir sagen, wo die nächste U-Bahn-Station ist?

■ Gleich _____, an der nächsten Kreuzung, man kann sie von hier aus sehen.

● Ah ja, ich sehe sie, danke und wie _____ ich dann fahren?

■ Nehmen Sie die Linie 6 _____ Altmariendorf und fahren Sie fünf
_____, die Station heißt Kochstraße, da steigen Sie aus. Da sind Sie
_____ am Mauermuseum.

● Vielen Dank!

7 Können Sie uns bitte helfen?

a Ergänze die Präpositionen und Artikel.
补充介词和冠词。

in den – ins – mit – mit dem – mit dem – mit dem –
mit der – mit der – nach – nach – zu – zu – zum –
zum – zum – zur

Ich fahre/gehe/fliege …

1. _____ _____ U-Bahn _____ Sony-Center.

2. _____ _____ Taxi _____ Flughafen.

3. _____ _____ U-Bahn _____ Gedächtniskirche.

4. _____ Fuß _____ Brandenburger Tor.

5. _____ Bus _____ Dresden.

6. _____ _____ Flugzeug _____
Frankfurt.

7. _____ Fuß _____ _____ Zoo.

8. _____ meinem Freund _____
Museum.

Eingang zum Berliner Zoo.

b Ergänze den Dialog und hör zur Kontrolle. 补充对话。听录音，更正错误。

● Entschuldigung, können Sie uns sagen, wo der Zoo ist?

● An der Kreuzung mit der Ampel?

● Vielen Dank.

● Wie weit ist das ungefähr?

● Können Sie uns bitte helfen? Wir suchen den Zoo.

● *Können* _____

■ Tut mir leid, ich habe keine Ahnung, ich bin auch fremd hier.

● _____

▶ Der Zoo? Der ist ganz hier in der Nähe, da könnt ihr zu Fuß gehen. Gleich da vorne müsst ihr
rechts.

● _____

▶ Ja genau, da rechts und dann seht ihr bald den Zoo.

● _____

▶ Ich weiß nicht genau, vielleicht zehn Minuten.

● _____

c Schreib höfliche (indirekte) Fragen. Vergleiche in der Klasse. 写礼貌的间接疑问句并在课堂上作比较。

aufmachen – fahren – fahren – kommen – kosten – sein

1. zum Sony-Center / wie / ?

2. die nächste U-Bahn-Station / wo / ?

3. die U2 nach Pankow? / wann / ?

4. das Ticket / wie viel / ?

5. S-Bahn / welche / nach Potsdam / ?

6. um wie viel Uhr / die Geschäfte / ?

> *Entschuldigen Sie, können Sie mir sagen,
> wie ich zum Sony-Center komme?*

d Phonetik: ä, ö, ü – Punktediktat: Hör zu und korrigiere. Es fehlen die Punkte auf 15 Umlauten.
听录音，纠正错误。15 个变音符号上的点丢失了。

Eine Reise nach Berlin

Fünf Madchen und funf Jungen fahren mit viel Gepack nach Berlin. Sie kommen zu spat zum Bahnhof und sind naturlich nervos. Sie fragen hoflich, wo der Zug ist. Sie haben kein Gluck, der Zug war punktlich. Jetzt mussen sie warten und argern sich. Sie konnen die Sehenswurdigkeiten von Berlin erst spater sehen.

e Hör zu und sprich nach. 听录音并跟读。

das Schloss – die Schlösser   das Buch – die Bücher   das Dach – die Dächer
der Kopf – die Köpfe   der Gruß – die Grüße   der Gast – die Gäste

8 Wir steh'n auf Berlin.

a Ergänze die Sätze mit Wörtern aus dem Text im Schülerbuch. 用学生用书中短文的单词补充句子。

1. Die 10B hat eine _____ nach Berlin gemacht.

2. Tobi war nicht pünktlich, weil er die _____ verpasst hat.

3. Der _____ im Parlament war nicht so interessant.

4. Das Alexa ist ein berühmtes _____ in Berlin.

5. In Berlin kann man auch mit dem _____ eine Stadtrundfahrt machen.

6. Das _____ kann bei den „Gorillas" am Theaterstück mitarbeiten.

b Hör zu und entscheide: Welche Antwort passt? 听录音并判断，哪个回答正确？

1. ☐ Ach nein, da waren wir doch gestern schon.
   ☐ Nein, ich möchte lieber einen Film sehen.
   ☐ Ja, ich gehe auch gerne essen.

2. ☐ Das finde ich gut, ich möchte auch gerne einkaufen.
   ☐ Ja, und morgen machen wir eine Stadtführung mit.
   ☐ Ich möchte lieber allein durch die Stadt laufen.

3. ☐ Nein, keine Lust, Technik interessiert mich nicht.
   ☐ Nein, Kleider sind doch langweilig.
   ☐ Ja, ich gehe gerne shoppen.

9 Im Kartenshop

a Sag es anders. Formuliere die Bitten mit *hätte gern*.
换种表达，用 hätte gern 写请求。

1. Ich möchte drei Karten zu 25 €.
2. Können Sie mir die Telefonnummer vom Theater des Westens geben?
3. Ich möchte zwei Currywürstchen mit Pommes frites.
4. Können Sie mir eine Cola bringen?

Ich hätte gern drei ...

b Hör zu und notiere die Informationen zum Theater des Westens.
听录音。记录西方剧院的信息。

1. Telefonnummer: _____

   Vorwahl: _____

2. Die drei Karten kosten: _____ €.

   Der Anrufer heißt: _____

Leseecke

Deutsche Geschichte in Berlin
柏林的德国历史

A

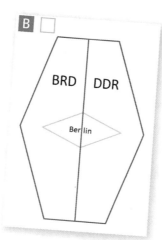

B

BRD | DDR

Berlin

C

1

Nach dem 2. Welt-
krieg ist Deutschland
in zwei Teile geteilt:
Ostdeutschland (DDR)
und Westdeutschland
(BRD). Auch Berlin ist in
zwei Teile geteilt: Ost-
berlin und Westberlin.

D

E

2

Viele Einwohner aus Ostberlin wollen
nicht in der DDR bleiben und gehen
nach Westberlin. Deshalb baut die DDR
1961 die Berliner Mauer. Die Mauer
geht mitten durch Berlin und ist das
Symbol für die Teilung von Deutschland und Europa in Ost und West.

3

Von 1961 bis 1989 ist die Stadt geteilt. Die
Grenze ist zu. Nur am „Checkpoint Charlie"
und ein paar anderen Stellen darf man in
den anderen Teil von Berlin gehen. Aber die
Kontrollen sind sehr streng.

4

Am 9. November 1989 fällt die Grenze zwischen den
beiden Teilen von Deutschland. Seit dem 3. Oktober
1990 ist Deutschland wieder ein Land. Das Symbol
für die Wiedervereinigung ist das Brandenburger Tor.
An dieser Stelle sind die Menschen am 9. November
1989 zuerst über die Grenze in den Westen von Berlin
gegangen. Der 3. Oktober ist heute Nationalfeiertag.

5

Seit 1990 ist Berlin wieder die
Hauptstadt von Deutschland und
seit 1999 auch wieder der Sitz von
Regierung und Parlament.

Meine Ecke

**Das Rätsel für Welt-Historiker –
Was ist in diesen Jahren passiert?**
这些年中发生了什么?

1492

1618–48

1789

1776

1914–1918

1929

1848

1933

1939–1945

1990

2001

der Terroranschlag von New York
der erste Weltkrieg
der zweite Weltkrieg
der Dreißigjährige Krieg
Kolumbus landet in Amerika
die amerikanische Revolution
die deutsche Wiedervereinigung
die französische Revolution
die deutsche Revolution
die Weltwirtschaftskrise
die Nazis kommen an die Macht

Mach die Übungen. Kontrolliere im Schlüssel auf Seite 86 und kreuze an:
做下列练习，核对第 86 页上的答案，请画叉：

☺ das kann ich gut   ☺ das kann ich einigermaßen   ☹ das muss ich noch üben.

1 Eine Stadt präsentieren   **Ergänze den Text. 补充短文。**

Berlin ist die Hauptstadt von Deuts_ _ _ _ _ _. Berlin li_ _ _ im Os_ _ _ _ von

Deuts_ _ _ _ _ _ _. Durch Ber_ _ _ _ fließen zw_ _ Flüsse. Ber_ _ _ _ ist ei_ _ grüne

St_ _ _. Es gi_ _ große Pa_ _ _ und vi_ _ _ _ Bäume in d_ _ Stadt. I_ Berlin kann

m_ _ viele Ausf_ _ _ _ machen. Es gibt vi_ _ _ _ Museen u_ _ Theater.

M_ _ kann auch na_ _ Brandenburg fah_ _ _ _. Dort gi_ _ es vi_ _ _ _ Seen. M_ _ kann

schw_ _ _ _ _ gehen od_ _ mit ei_ _ _ Schiff fah_ _ _.

2 Nach dem Weg fragen / einen Weg beschreiben   **Zu welchem Weg in der Karte passt die Beschreibung? Markiere A oder B. 这描述符合地图上的哪条路？A 还是 B？**

Zum Café Einstein? Da gehst du am besten hier geradeaus. Dann links durch das Tor über den Pariser Platz. Dann weiter die Straße „Unter den Linden". Das Café Einstein ist nach der ersten Kreuzung auf der linken Seite.

3 Um Hilfe bitten / höflich nach Informationen fragen   **Schreib die Fragen höflicher. Es gibt verschiedene Möglichkeiten. 写更客气一些的间接疑问句。答案不是唯一。**

1. Wo ist der Bahnhof? _____

2. Wie komme ich zum Reichstag? _____

3. Drei Karten für „James Bond". _____

4. Eintrittskarten für das „Wannseebad"._____

4 Eintrittskarten kaufen   **Kreuze an: richtig oder falsch? 判断正误，请画叉。**

1. Die Schüler möchten in ein Museum gehen.   R   F
2. Es gibt noch Karten.   R   F
3. Die Schüler möchten nicht so viel Geld ausgeben.   R   F
4. Die Karten für das Theater kosten 70 Euro.   R   F
5. Am Theatereingang muss man den Schülerausweis zeigen.   R   F
6. Die Schüler kaufen vier Karten.   R   F

Seite 36

die Metropole, -n ....

fließen ....

die Stadtrundfahrt, -en ....

der Besucher, – ....

die Besucherin, -nen ....

kulturell ....

die Regierung, -en ....

das Ministerium, Ministerien ....

multikulturell ....

u. a. (unter anderem/n) ....

über ....

· über 170 Länder ....

der Wald, "-er ....

weltweit ....

Seite 37

teilen ....

· Berlin war geteilt. ....

trennen ....

· Familien waren getrennt. ....

die Grenze, -n ....

auftreten ....

die Heimatstadt, "-e ....

· aus der ganzen Welt ....

hierher ....

insgesamt ....

lebendig ....

weltberühmt ....

Seite 38

behalten ....

· etwas im Kopf behalten ....

Seite 39

da drüben ....

ziemlich ....

· ziemlich weit/schnell/ gut ... .

die Fahrkarte, -n ....

da vorne ....

fremd ....

die Richtung, -en ....

· in Richtung Zentrum fahren ....

der Stadtteil, -e ....

die Ecke, -n ....

· um die Ecke gehen/fahren ....

Seite 40

die Klassenfahrt, -en ....

der/die Abgeordnete, -n ....

riesig ....

die Besichtigung, -en ....

sich verlaufen ....

die Busfahrt, -en ....

das Denkmal, "-er ....

direkt ....

die Führung, -en ....

raten ....

fehlen ....

kaum ....

· Sie konnten es kaum
  glauben. ....

der Rückweg, (nur Sg.) ....

die Sachen, (nur Pl.) ....

· die Sachen packen ....

spontan ....

verpassen ....

Seite 41

verschieden ....

· verschiedene Menschen ....

die Karte, -n ....

· Karten kaufen/
  reservieren ....

die Öffnungszeit, -en ....

die Ermäßigung, -en ....

Orte in der Stadt

der Hauptbahnhof, "-e

die U-Bahnstation, -en

die Sehenswürdigkeit, -en

das Denkmal, "-er

das Schloss, "-er

das Parlament, -e

der Bundestag, (nur Sg.)

das Kaufhaus, "-er

Verkehr

die U-Bahn, -en

die S-Bahn, -en

die Straßenbahn, -en

der Bus, -se

einsteigen

aussteigen

umsteigen

die Straße, -n

die Kreuzung, -en

die Ampel, -n

1 Wo und wie möchtet ihr später mal leben?

a Schreib die Kontinente in die Weltkarte. 将各个洲写到世界地图中。

a	ka	ri	tis	Af	en	ark	ka	li	pa	me		ka	ro
Eu		tra	si	ri	Ant	Süd	me	A	en	ri	Nord	a	Aus

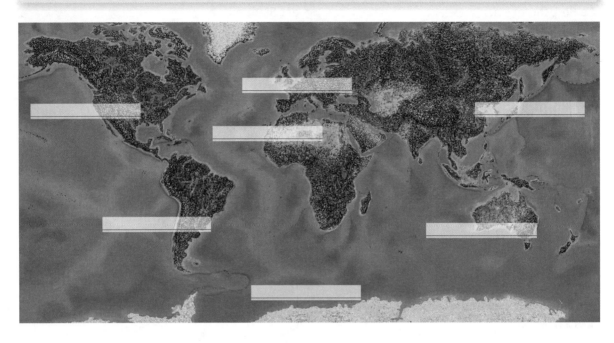

b Ergänze die Wörter mit Artikel und Plural. 填入名词并附上冠词和复数。

Berg – ~~Großstadt~~ – Meer – See – Wald – Wiese – Fluss – Wüste

die Großstadt, "-e

c Wo macht man was? – Ergänze die Präpositionen mit Artikeln. 在哪里做什么？补充介词和冠词。

am – am – an einem – auf dem – auf dem – auf dem – auf einem – auf einer – im – im – im – ~~in den~~ – in der – in der – in einem

1. *in den* Bergen leben
2. _____ Berg stehen
3. _____ Stadt wohnen
4. _____ Meer wohnen
5. _____ Meer schwimmen
6. _____ Meer segeln
7. _____ Fluss wohnen
8. _____ Fluss fahren
9. _____ Fluss schwimmen
10. _____ See schwimmen
11. _____ See surfen
12. _____ See Urlaub machen
13. _____ Wiese stehen
14. _____ Wald wandern
15. _____ Wüste sein

d Wohin kann man gehen/fahren? – Ergänze die Präpositionen mit Artikeln.
能去哪里? 补充介词和冠词。

an den – an den – ans – auf den – durch die – in den – in den – ~~in die~~ – in die – ins – über den –
über die – über den – in den – über das

1. *in die* Berge
fahren (zum Ur-
laub machen)

4. _____
Wald gehen

7. _____
Fluss gehen
(schwimmen)

10. _____
Meer gehen
(schwimmen)

13. _____
See gehen
(schwimmen)

2. _____
Berg steigen

5. _____
Wüste fahren

8. _____
Fluss gehen (auf
einer Brücke)

11. _____
Meer fahren
(mit dem Schiff)

14. _____
See fahren (mit
dem Schiff)

3. _____
Berge fahren
(von einer Seite
auf die andere)

6. _____
Fluss gehen
(Ufer)

9. _____
Meer gehen
(Strand)

12. _____
See fahren (mit
dem Auto)

15. _____
Wüste fahren
(von A nach B)

e Lies den Text schnell. Welches Foto passt? Ergänze dann den Text.
快速阅读短文。哪张照片与短文相匹配? 补充短文。

☐ Das Foto zeigt eine schöne Landschaft. Im Hintergrund sie___ man Berge. Ic_ glaube, es si___
hohe Berge, de___ auf den Ber_____ sieht man Sch_____. Auf einem etw___ kleineren Berg
sie___ man Häuser. I_ Vordergrund sieht ma_ Wasser. Es ist wahrsch_____ ein See. Da_
Wasser ist se___ ruhig. Mitten i_ diesem See is_ eine kleine Ins_____ . Auf der Ins_____ steht eine
Kir_____. An der Ins_____ liegen kleine Boote. Vielle_____ sind es Touristenboote. Ich
fin___ diese Landschaft se___ schön und möc_____ gerne einmal dorthin fah_____, weil ich ger_____
wandere oder Tou_____ mit dem Bo___ mache. Aber ic_ möchte dort nic_____ für immer
woh_____ , denn es sie___ sehr einsam au_.

f Wähle ein Foto aus und schreib einen eigenen Text. 选择一张照片,写一篇文章。

g Ergänze *denn* oder *weil*. 填入 denn 或 weil。

1. Ich möchte gerne in den Alpen wohnen, _____ ich fahre gerne Ski.

2. Ich möchte bei meiner Familie wohnen, _____ wir uns dann immer helfen können.

3. Ich möchte mit meinem Bruder zusammenwohnen, _____ er immer lustig ist.

4. Ich möchte nie allein leben, _____ dann werde ich sehr schnell traurig.

2 Das Wetter und die Jahreszeiten

a Beschreib das Wetter auf den Bildern. 描述图片上的天气。

stark regnen – ~~ein bisschen regnen~~ – schneien – sonnig – windig – heiß – kalt – bewölkt – ~~kühl~~ – warm

A Es regnet ein bisschen. Es ist kühl.

b Wann sagst du das? Beschreib das Wetter. Vergleiche im Unterricht. 描述天气，并在课堂上作比较。

So ein Mistwetter!
1

Eine Affenhitze heute!
2

Herrliches Wetter heute!
3

Es ist kalt, 2 Grad. Es ist windig und es regnet stark.

3 Wie ist das Wetter?

a Hör den Wetterbericht. Was kannst du morgen in Berlin machen? Kreuze an.
听天气预报。你明天在柏林能做什么？请画叉。

☐ Ski fahren.   ☐ schwimmen gehen.   ☐ spazieren gehen.

b Schreib die Sätze. 写句子。

Wenn / morgen / regnet / es / , / nicht / können / wir / im See schwimmen / .

Wenn / bleibt / weiter so kalt / es / , / schwimmen gehen / wir / können / nicht / .

Wenn / es / bleibt / trocken und sonnig / , / an den Strand / wir / gehen / können / .

Wenn / ist / windig / es / , / surfen / gut / wir / können / .

Wenn / morgen / ist / nicht zu heiß / es / , / steigen / wir / können / auf den Berg / .

Wenn es morgen regnet, können ...

4 Wetterchaos

a Was sagt der Professor? Schreib die Sätze. 教授说了什么？写句子。

Der Professor sagt, dass

1. Skifahren / in den Alpen / nicht mehr möglich sein / bald / .

2 Ende des 21. Jahrhunderts / fast eisfrei sein / die Alpen / .

3. Orte über 1500 m / genug Schnee haben / nur noch / bald / .

4. in Zukunft / viele Probleme / es / geben / .

5. sollen / weniger Auto fahren / wir / .

6. in Urlaub fliegen / sollen / weniger / wir / .

7. elektrische Geräte benutzen / weniger / wir / sollen / .

1. Der Professor sagt, dass Skifahren ...

b Ergänze die Zeitangaben. 补充时间状语。

in 20 Jahren – in neun Monaten – im Jahr 2000 –
vor drei Monaten – vor drei Tagen – in drei Wochen

1. _____ produzierten Solaranlagen in
   Deutschland nur 0,064 Terrawatt Strom. 2015 waren es über
   25 Terrawatt, wie viel sind es wohl _____?

2. _____, im März, hatte ich
   Geburtstag. Jetzt ist Juni. Ich habe erst
   _____ wieder Geburtstag.

3. _____ haben wir eine Mathearbeit geschrieben, _____
   _____ schreiben wir schon die nächste.

5 Phonetik: Ich-Laut und Ach-Laut (Wiederholung)

a Wo spricht man einen Ach-Laut, wo spricht man einen Ich-Laut? Markiere mit A (ach) oder I (ich).
何时发 Ach 音？何时发 Ich 音？ ach 音用 A 标出，ich 音用 I 标出。

_A_
brauchen – furchtbar – schrecklich – lachen –

nichts – nicht – schlecht – nur noch – möglich –

Buch – leicht – manchmal

> Nach a, _____, _____
> und _____ spricht man den Ach-Laut,
> sonst immer den Ich-Laut.

b Hör zur Kontrolle, sprich nach und ergänze dann die Regel.
听录音并跟读，更正错误并补充规则。

6 Der 10-Minuten-Chat

Was passt? Ordne zu und hör zur Kontrolle. 哪些名词与这些动词搭配？请配对。听录音，更正错误。
Elektrogeräte – Taschengeld – einen Fotoapparat – einen Computer – ein Fahrrad – Wasser –
ein Heft – einen Stift – ein Smartphone – Strom – ein Motorrad – Energie – Geld – ein Ladegerät –
Plastiktüten

Taschengeld _____ sparen

_____ verbrauchen

_____ benutzen

7 Hören üben

a Hör zu und markiere den Wortakzent. Jedes Wort hat einen Akzent.
听录音，标出词重音。每个单词有一个重音。

1. die Natur – der Schutz – der Naturschutz
2. das Radio – der Wecker – der Radiowecker
3. der Müll – die Trennung – die Mülltrennung

4. der Strom – das Sparen – das Stromsparen
5. das Plastik – die Tüte – die Plastiktüte

b Ergänze die Regel, hör noch einmal und sprich nach. 补充规则。再听一遍并跟读。
Bei Komposita ist der Wortakzent immer auf dem _____ Wort.

8 Wortbildung: Verben und Nomen

Mach aus den markierten Verben Nomen und ergänze die Sätze mit Artikel.
将标记的动词改成名词。补充句子和冠词。

1. Ich **stehe** nicht gerne früh **auf**. _Das Aufstehen_ in der Schulzeit ist schwer für mich.

2. Er **sieht** gut **aus** und kauft immer modische Kleidung. D___ _____ ist wichtig für ihn.

3. Er **lebt** in einer großen Stadt. Deshalb ist d___ _____ nie langweilig für ihn.

4. Sie kann gut sprechen, aber **schreibt** mit vielen Fehlern. D___ _____ muss sie üben.

9 Konsequenzen?

a Silbenrätsel – Lies 1–8 und finde die Wörter. 音节谜语——读句子（1–8）并找出单词。

BER	CKEN	E	ERD	GIE	HEI	HEIT	KAN	LUFT	MUNG	NER	ÖL	OR	RE
N	SCHMUTZ	SCHWEM	SER	SPA	TRINK	TRO	Ü	UNG	VER	WAS	ZUNG		

1. Wenn es sehr stark regnet und die Flüsse zu viel Wasser haben. Dann gibt es eine …
2. Wenn es in einer Region viel Industrie gibt, ist oft die Luft nicht sauber. Es gibt …
3. Aus dieser Flüssigkeit macht man das Benzin für die Autos.
4. Wenn man eine … in der Wohnung hat, ist es im Winter warm.
5. Muss man das Wasser nicht kochen? – Nein, das ist …, das kannst du einfach so trinken.
6. Ein sehr starker Sturm: …
7. Wir dürfen nicht so viel Strom verbrauchen. Wir müssen mehr …
8. Es hat lange nicht geregnet. Es fehlt Wasser. Es gibt eine große …

b Schreib Ratschläge mit *sollt…* . 用 sollt… 写建议。

1. Ein Laptop verbraucht viel Strom, / deshalb / du / ihn / ausschalten, / wenn / du / ihn / nicht / benutzen / .
2. Plastik ist schlecht für die Umwelt, / deshalb / alle / zum Einkaufen / Stofftaschen / mitnehmen / .
3. Schlechte Luft ist ungesund. / deshalb / ihr / bei Luftverschmutzung / keinen Sport / machen / .
4. Autofahren ist nicht gut für die Umwelt, deshalb / man / mehr / zu Fuß / gehen / .
5. Glühbirnen brauchen Strom, / deshalb / wir / das Licht ausmachen, / wenn / wir / es / nicht / brauchen.

1. Ein Laptop braucht viel Strom, deshalb solltest du ihn ausschalten, wenn du

10 Alle wollen etwas, aber keiner tut etwas.

a Ergänze die Negationswörter. 补充否定句。

niemand – nichts – nie – keiner

1. Ich verstehe das nicht, das ist ein tolles Projekt, aber _____ will mitmachen.

2. Der Umweltschutz ist wichtig, warum willst du _____ für die Umwelt tun?

3. Ich war noch _____ am Meer. – Dann musst du unbedingt einmal hinfahren.

4. _____ kann lange in der Wüste leben, denn es gibt dort kein Wasser.

b Ergänze *nicht* oder *nichts*. 填入 nicht 或 nichts。

1. Kannst du mir helfen? – Tut mir leid, ich kann jetzt _____, ich habe keine Zeit.

2. Und was hast du gekauft? – Ich habe _____ gekauft, alles war so teuer.

3. Was hast du gerade gesagt? – Ich habe _____ gesagt.

4. Soll ich dir helfen? – Ja, gerne, ich kann die Tasche _____ allein tragen.

Leseecke

a Lies die Texte schnell. Wer ist pro, wer ist kontra?
快速阅读短文。谁赞同？谁反对？

Die Biber haben Bäume gefällt.

Wildtiere in Deutschland?

In der Mitte des 20. Jahrhunderts gab es in Deutschland keine Bären, Wölfe, Luchse, Biber und auch fast keine Störche mehr. Man hat sie getötet, weil man glaubte, dass sie den Menschen die Nahrung wegnehmen oder sie hatten keinen Platz mehr, weil Straßen und Städte ihren Lebensraum zerstört haben. Jetzt sind die Flüsse und Seen wieder sauberer und es gibt viele Naturschutzgebiete. Deshalb sind viele Wildtiere wieder nach Deutschland zurückgekommen. Das ist gut. Aber gibt es nicht auch Probleme? Hier sind zwei Meinungen.

Die Störche haben ihr Nest gebaut.

Ich finde es schön, wenn man ein Storchennest auf einem Dach sieht. Und auch die Biber sind wieder da. Das zeigt, dass unsere Natur wieder gesünder ist. Auch die Naturschutzgebiete finde ich gut. Sie geben den Wölfen und anderen Tieren wieder eine Chance. Vielleicht gibt es auch bald wieder Bären in Deutschland? Im Zoo kann man diese Tiere natürlich auch sehen, aber das ist doch nicht das richtige Leben für Wildtiere.

Alexander, 15, Dortmund

Die Braunbärin schützt ihre Jungen.

Natürlich ist es gut, dass die Flüsse und Seen wieder sauberer sind. Und Störche mag ich auch. Aber die Biber z.B. sind ein Problem. Das sind natürlich süße Tiere, aber sie brauchen viele Bäume. Habt ihr schon einmal einen Fluss gesehen, wo eine Biberfamilie wohnt? Da stehen keine Bäume mehr, die Biber haben sie alle für ihre Burg gefällt. Und wie lange dauert es, bis wieder neue Bäume gewachsen sind! Das ist doch auch Zerstörung von Natur.
Wenn ich im Wald spazieren gehe, möchte ich auch keinen Bären oder Wolf treffen! Die Naturschützer sagen mir, dass diese Wildtiere scheu sind und mich auch nicht treffen möchten, dass sie sich verstecken und mir aus dem Weg gehen. Vielleicht haben sie ja recht, aber wenn ich Pech habe und zufällig auf eine Bärenmutter mit ihrem Jungen treffe, dann habe ich ein Problem. Nein, gefährliche Wildtiere haben bei uns keinen Platz. Deutschland ist zu klein.

Marius, 15, Fürth

Ein Wolf sucht nach Nahrung.

b Lies noch einmal und kreuze an: richtig oder falsch? 再读一遍，判断正误。请画叉。

1. Alexander findet gut, dass die Biber wieder nach Deutschland zurückgekehrt sind.   R F

2. Alexander findet gut, dass Wildtiere in Naturschutzgebieten wieder Platz zum Leben finden.   R F

3. Alexander sieht gerne Wildtiere im Zoo.   R F

4. Marius findet gut, dass es wieder Biber in Deutschland gibt.   R F

5. Marius glaubt, dass Bären und Wölfe scheu sind.   R F

6. Marius hat Angst, wenn es Bären und Wölfe im Wald gibt.   R F

c Deine Meinung? Schreib deinen Beitrag zur Diskussion. Vergleicht im Unterricht.
你的想法？针对此议题写一篇文章并在课堂上作交流。

Meine Ecke

Schreib Wörter aus prima^{plus}° in Spiegelschrift: ƎTÜTꓘITꙄAꙆꟼ und tausch in der Klasse.
用倒写的方式写出本教材中的单词并在课堂上作交流。

Mach die Übungen. Kontrolliere im Schlüssel auf Seite 86 und kreuze an:
做下列练习，核对第 86 页上的答案。请画叉：

☺ das kann ich gut   😐 das kann ich einigermaßen   ☹ das muss ich noch üben.

1 Sagen, wo man gerne leben möchte   **Schreib die Sätze und ergänze einen für dich.**
写句子，为你自己补充一句。

1. auf einem Schiff / möchte mal / leben / Ich / , / weil / will / ich / werden / Meeresbiologin / .

_____

2. auf dem Land / möchte nicht gerne / leben / Ich / , / ist / mir / zu langweilig / denn das / .

_____

3. in Shanghai / ist bestimmt / Das Leben / interessant / , / auch anstrengend / aber / .

_____

2 Wetter beschreiben   **Ergänze den Text.** 补充短文。

Mistwetter – kalt – so – ganzen – windig – regnet – es

Donnerstag, 2. Oktober
Heute

Heute ist _____ _____ und

_____.

Es _____ schon den _____ Tag.

_____ ein _____!

3 Wetterberichte   **Du hörst zwei Wetterberichte. Kreuze an: richtig oder falsch?**
听两个天气预报，判断正误。请画叉。

Wetterbericht 1

1. Am Freitag ist es sehr warm. R F
2. Das Wetter ist schön. R F
3. Am Samstag ist es kühler als am Freitag.
4. Am Sonntag schneit es in München. R F

Wetterbericht 2

1. Nachmittags wird das Wetter besser. R F
2. Morgen Vormittag ist es schön. R F
3. Am Nachmittag regnet es. R F
4. Am Freitag kann man einen Ausflug machen. R F

4 Ratschläge   **Schreib Ratschläge mit *sollte*.** 用 sollte 写建议。

elektrische Geräte – baden – verwenden – duschen – Stofftaschen - ausschalten – Plastiktüten

1. Lea: Ich möchte Strom sparen.   *Du solltest* _____

2. Angelo möchte weniger Wasser verbrauchen. Er _____

3. Bea und Larissa möchten etwas für die Umwelt tun. _____

5 Über Konsequenzen sprechen   **Ordne zu.** 将 1–4 与 a)–d) 配对。

1. Wenn mehr Leute nicht mit dem Auto, sondern mit dem Fahrrad fahren,
2. Wenn Strom teurer ist,
3. Wenn man Elektrogeräte immer ausschaltet,
4. Wenn es eine Überschwemmung gibt,

a) müssen viele Menschen ihre Häuser verlassen.
b) spart man Strom.
c) verbraucht man wahrscheinlich weniger.
d) gibt es weniger Luftverschmutzung.

Seite 43

feucht . . . .

gefährlich . . . .

die Großstadt, "-e . . . .

der Hintergrund, (nur Sg.) . . . .

der Vordergrund, (nur Sg.) . . . .

· im Hintergrund/ . . . .

Vordergrund

liegen . . . .

· Das Dorf liegt in den Bergen. . . . .

die Wüste, -n . . . .

der Urwald, "-er . . . .

Seite 44

auf dem Land . . . .

der Nachteil, -e . . . .

der Vorteil, -e . . . .

furchtbar . . . .

die Natur, (nur Sg.) . . . .

wandern . . . .

· Ist das dein Ernst? . . . .

· Wie langweilig! . . . .

Seite 45

bewölkt . . . .

die Wolke, -n . . . .

die Hitze, (nur Sg.) . . . .

die Kälte, (nur Sg.) . . . .

· Es geht so.

regnerisch . . . .

stürmisch . . . .

trocken . . . .

windig . . . .

herrlich . . . .

· Herrliches Wetter heute! . . . .

· Was für ein tolles Wetter! . . . .

· So ein Mistwetter! . . . .

Seite 46

ca. (circa) . . . .

km/h (Kilometer pro Stunde) . . . .

der Orkan, -e . . . .

die Überschwemmung, -en . . . .

die Energie, -n . . . .

umweltfreundlich . . . .

verwenden . . . .

das Chaos, (nur Sg.) . . . .

der Chef, -s . . . .

die Chefin, -nen . . . .

Seite 47

die Aktion, -en . . . .

außer . . . .

baden . . . .

sachlich – unsachlich . . . .

· Bleib sachlich!

das Elektrogerät, -e . . . .

die Energiesparlampe, -n . . . .

das Gas, -e . . . .

die Mülltrennung, (nur Sg.) . . . .

der Naturschutz, (nur Sg.) . . . .

die Plastiktüte, -n . . . .

die Stofftasche, -n . . . .

das Prozent, -e . . . .

die Redaktion, -en . . . .

retten . . . .

der Strom, (nur Sg.) . . . .

die Umwelt, (nur Sg.) . . . .

der Umweltschutz, (nur Sg.) . . . .

verbrauchen . . . .

die Organisation, -en . . . .

der Vorschlag, "-e . . . .

sparen . . . .

Seite 48

das Recycling, (nur Sg.) . . . .

das Erdöl, (nur Sg.) . . . .

die Krankheit, -en . . . .

die Luftverschmutzung, ...

(nur Sg.) . . . .

schmelzen . . . .

· Der Schnee schmilzt. . . . .

das Trinkwasser, (nur Sg.) . . . .

gesund . . . .

heizen . . . .

die Heizung, -en . . . .

verschmutzen . . . .

Seite 49

der Artikel, – . . . .

der Eindruck, "-e . . . .

der Mülleimer, – . . . .

erreichen . . . .

· Ich bin (nicht) deiner . . . .

Meinung.

· Du hast schon recht, ...

aber … . . . .

die Lösung, -en . . . .

die Toilette, -n . . . .

1 Der Rhein

a Hier findest du 15 Nomen aus dem Schülerbuch (→ und ↓). Notiere sie mit den Artikeln und Pluralformen. 在这里找出 15 个学生用书中的名词，并写出其冠词和复数形式。

T	O	U	R	I	S	T	I	M	Ü	O	S	H	M	S	B
N	O	R	D	S	E	E	D	A	C	H	T	A	U	C	U
S	O	L	A	R	A	N	L	A	G	E	U	F	S	H	R
A	U	T	O	I	M	U	S	I	K	Y	D	E	E	I	G
K	A	R	N	E	V	A	L	Ö	Z	P	I	N	U	F	O
W	I	R	T	S	C	H	A	F	T	D	O	M	M	F	I
U	I	N	D	U	S	T	R	I	E	K	S	T	A	D	T

der Tourist, –en

b Ergänze die Ortsangaben. 补充地点状语。

fast genau zwischen – bald nach – dort – nicht weit von

1. _____ dem Bodensee kommt der Rheinfall von Schaffhausen.

2. Der Europapark in Rust liegt _____ Freiburg.

3. Geh ins Tinguely Museum. _____ kannst du verrückte Maschinen sehen.

4. Mannheim liegt _____ Basel und Köln.

2 Präpositionen

a Lokale Präpositionen – Ergänze die Sätze.
地点介词：补充句子。

~~aus~~ – bei – durch – gegen – von … bis – zwischen

1. Der Rhein kommt _aus_ den Schweizer Bergen.

2. Er fließt _____ den Bodensee und dann weiter Richtung Basel.

3. Man kann mit dem Schiff _____ Basel _____ Rotterdam fahren.

4. Der Europapark liegt _____ Freiburg.

5. Das Rheintal ist _____ Mainz und Köln besonders schön.

6. Bei der Loreley sind schon viele Schiffer _____ den Felsen gefahren.

Das Rheintal

b Temporale Präpositionen – Ergänze die Sätze. 时间介词：补充句子。

ab – am – im – seit – um – nach – von … bis – vor

1. _____ Montag _____ Samstag haben wir geöffnet.

2. Die Tickets für das neue Musical kann man _____ morgen kaufen.

3. Kannst du bitte _____ Samstag _____ zehn zu mir kommen?

4. Wo warst du? Es ist schon zehn _____ elf. Du wolltest um zehn _____ elf kommen.

5. Wo bist du denn? Ich warte hier _____ mehr als einer halben Stunde auf dich.

6. Ich mache _____ Juli einen Deutschkurs am Bodensee.

c Wechselpräpositionen: Wo? ● Dativ – Wohin? → Akkusativ. Ergänze die Artikel und 1–6.
方位介词：在哪里：第三格　去哪里：第四格。补充冠词和句子（1–6）。

_____ Strand _____ Berg _____ Meer _____ Haus _____ Straße _____ Ecke

1. Ich war im Urlaub a_____ Mittelmeer an ein_____ wunderschönen Strand.

2. Ich fahre bald an_____ Meer. Wir gehen an ein_____ schönen Strand und campen dort.

3. Bei schönem Wetter auf ein_____ hohen Berg wandern, das ist wunderschön.

4. Geh hier über _____ Straße bis an _____ Ecke und dann rechts in d____ letzte Haus.

5. In welchem Stock wohnst du in d_____ Haus?

6. Hinter d_____ Bergen beginnt ein fremdes Land. Ich möchte über d_____ Berge gehen.

3 Reisepläne

a Texte verstehen – Lies die Anzeigen und kreuze die richtigen Antworten an.
读广告，在正确答案上画叉。

Anzeige 1

Wir suchen Mitfahrer für unsere Deutschlandradtour.

Hast du ein Fahrrad?
Fährst du gerne Fahrrrad?

Dann interessiert dich unsere Idee vielleicht: Wir sind drei Freunde und Freundinnen (17, 17, 18) und wollen in den Juliferien eine Fahrradtour durch Deutschland machen. Wir wollen mit dem Zug nach München fahren und von dort mit dem Fahrrad nach Hamburg. Das sind insgesamt etwa 850 Kilometer und wir glauben, dass wir dafür mit Besichtigungen drei Wochen brauchen. In Deutschland gibt es viele gute Jugendherbergen. Deshalb können wir immer billig übernachten. Dort treffen wir dann auch viele junge Leute und können unser Deutsch (oder Englisch) verbessern. Die Fahrroute ist noch nicht fest und was wir wo machen, können wir auch noch gemeinsam entscheiden.

Habt ihr Lust? Dann meldet euch. Wir suchen noch drei oder vier Mitfahrer/innen.

Anzeige 2

Mountainbiken in Tirol

Wir haben ein Top-Angebot für Jugendliche (ab 16), die gerne in der Natur sind und neue Leute kennenlernen wollen.

Vom 25. Juli bis zum 9. August organisieren wir einen Biker-Urlaub in Tirol. Wir fahren mit dem Bus direkt zum „Funpark Westendorf". Und gleich am nächsten Tag geht es los. Wer ein Mountainbike hat, bringt es mit, für Anfänger gibt es Räder zum Ausleihen. Wir machen fast jeden Tag eine Tour und steigern uns von einfachen Strecken am Anfang zu mittelschweren bis schweren Strecken am Schluss. Wer mal keine Lust auf Biken hat, kann auch wandern gehen und auch im Funpark gibt es jede Menge Aktivitäten im Angebot. Auch abends ist viel los. Wir organisieren Partys und Spiele. Und wer mal Ruhe haben will, der kann sich in den Leseraum zurückziehen.

Wollt ihr mehr wissen?
Dann schreibt uns einfach.

Anzeige 1
1. Wer organisiert die Fahrradtour?
   a Drei Lehrer.
   b Ein Jugendlicher.
   c Drei Jugendliche.

2. Die Tour geht von …
   a Hamburg nach München.
   b München nach Hamburg.
   c München nach Wien.

3. Man übernachtet …
   a auf dem Campingplatz.
   b in Jugendherbergen.
   c mal so, mal so.

Anzeige 2
4. Die Bike-Tour ist für …
   a Jugendliche von 16 bis 18.
   b Jugendliche ab 16.
   c für Jungen.

5. Das Mountainbike …
   a muss man mitbringen.
   b kann man dort kaufen.
   c kann man dort leihen.

6. Wenn man nicht biken will, …
   a bleibt man zu Hause.
   b kann man wandern gehen.
   c organisiert man Spiele.

b Antworte auf diese Anzeige. Schreib zu jedem Punkt (1–4) ein bis zwei Sätze.
回复此广告。对每一点（1–4）写 1–2 个句子。

Kleinanzeigen	Suchen	⇨ Startseite

Suche Lern- und Reisepartner/in
Ich bin 17 Jahre alt und lebe in Oakville, Canada. Ich lerne Deutsch an der Schule. Ich möchte im Juli/August nach Deutschland fahren, einen Sprachkurs besuchen und danach eine Deutschlandreise mit der Bahn machen. Aber ich möchte am liebsten mit Leuten zusammen reisen. Wer kommt mit? Wer kennt einen guten Sprachkurs in Deutschland? Er darf nicht zu teuer sein.
Maria Rada, Oakville, Canada

1. Stell dich vor (Name, Alter, Schule, Hobbys).
2. Sag, warum du dich für die Anzeige interessierst.
3. Wann kannst du nach Deutschland fahren?
4. Wohin möchtest du nach dem Sprachkurs reisen?

c Wortbildung – Wie viele Komposita kannst du aus diesen Silben machen? Wir haben 21 hier versteckt. Wenn du 12 findest bist du gut, bei 18 super und bei 21 unglaublich!
组词——你可以从这些音节中组成多少复合词？这里隐藏了 21 个单词。找到 12 个词：优秀，18 个词：好棒，21 个词：难以置信！

FAHR KRAN MO SCHEN BAHN TOUR OHR STAR SPRACHE HAUS BE FILM SER
STÜCK SEN TO GELD KU SCHEN STADT MES SPRACHE GEL PLAN SCHREI WERB KEN PA
GAST FRÜH RAD GÄN RAD TA RAT JU HAUPT BER SCHWIMM GEND FAHR HAUS
BER
SSEN TA FO STADT TOR HER GE FREMD NE KARTE STRA WETT MIT BAD AP FUSS
ZO RING GER TAG ES

der Fotoapparat

d Städterätsel – Welche Städte in Deutschland, Österreich oder der Schweiz sind das?
城市谜语——这是德国、奥地利或瑞士的哪些城市？

Senkrecht:

1. Eine Stadt in Süddeutschland. Man kann dort sehr gut ohne Auto und mit dem Fahrrad leben.
2. Auch diese schweizerische Stadt liegt an einem See. Von hier nach Nr. 3 braucht man nur eine Stunde.
3. Von dieser Stadt bis Rotterdam fließt der Rhein nach Norden.
4. Die Hauptstadt vom Karneval am Rhein. Dort steht eine berühmte Kirche.
6. Diese Stadt liegt im Süden von Österreich. Sie ist die zweitgrößte Stadt von Österreich.
7. Fast ein Drittel von allen Österreichern und Österreicherinnen leben in dieser Stadt.

Waagerecht:

5. Aus dieser Stadt kommt ein sehr berühmter österreichischer Musiker. Sie liegt nicht weit weg von München.
8. Das ist eine Industriestadt in Deutschland. Sie liegt am Rhein zwischen Nr. 3 und Nr. 4. Es gibt dort auch eine Popakademie.
9. Diese Stadt liegt in der Schweiz. Man spricht dort Französisch. Sie liegt an einem See. Viele internationale Organisationen sind dort, z. B. die UNO.

4 Wiederholung: Adjektive vor dem Nomen

a Singular: Nominativ, Akkusativ, Dativ – Ergänze die Endungen.
单数：第一格、第四格、第三格——补充词尾。

1. Ich habe zum Geburtstag ein neu_____ Fahrrad bekommen. Es hat eine toll_____ Farbe.

2. Ich möchte mit einem alt_____ Freund eine lang_____ Radtour am schön_____ Bodensee machen.

3. Zoe und Kira haben für ihre schwierig_____ Bergwanderung einen gut_____ Bergführer.

4. Rico hatte einen cool_____ Urlaub an einem sauber_____ Strand am warm_____ Mittelmeer.

5. Meine Eltern wollen eine groß_____ Städtetour machen und ein groß_____ Museum besichtigen.

6. Mein älter_____ Bruder und meine klein_____ Schwester waren im neu_____ 3D-Kino.

7. Mein neu_____ Freund Diego kommt aus dem berühmt_____ Acapulco in Mexiko.

8. Die alt_____ Geschichte von der schön_____ Loreley finde ich nett.

b Plural: Nominativ, Akkusativ, Dativ – Ergänze die Endungen.
复数：第一格、第四格、第三格——补充词尾。

Nominativ	Akkusativ	Dativ
Das sind …	Wir besuchen …	Wir waren …
die schön _en_ Seen.	die schön_____ Seen.	an den schön_____ Seen.
die interessant_____ Museen.	die interessant_____ Museen.	in den interessant_____ Museen.
die wichtig_____ Städte.	die wichtig_____ Städte.	in den wichtig_____ Städten.
– schön_____ Seen.	– schön_____ Seen.	an – schön_____ Seen.
– interessant_____ Museen.	– interessant_____ Museen.	in – interessant_____ Museen.
– groß_____ Industriestädte.	– groß_____ Industriestädte.	in – groß_____ Industriestädten.

c Ergänze die Sätze. 补充句子。

1. Die ausländisch_____ Touristen lieben die sauber_____ Seen in Bayern.

2. Ich besuche in groß_____ Städten am liebsten die viel_____ Clubs.

3. Groß_____ Städte mag ich nicht. Ich besuche lieber die klein_____, gemütlich_____ Dörfer.

4. Leihst du mir bitte die neu_____ Ohrringe für die Party?

5. Ich mag Max, aber die blöd_____ Party-Witze von ihm finde ich langweilig.

6. Die klein_____ Cousinen von Tina kommen mit zur Party. Das finde ich blöd.

5 Phonetik: viele Konsonanten

🔊 Markiere die Silben, hör zu und sprich nach.
标出音节。听录音并跟读。

die Fremd|spra|che   die Hauptstadt

das Gasthaus   der Stadtplan

die Sehenswürdigkeit   die Stadtrundfahrt

Se-hens-wür-dig-keit

Man muss jeden Laut hören.

6 Dialoge üben – Hörverstehen

🔊 Du hörst einen Dialog zwischen Maria und Klaus über ihre Ferienpläne. Hör den Dialog zweimal und kreuze an: richtig oder falsch? Maria 和 Klaus 在谈论他们的度假计划。听两遍，判断正误。请画叉。

1. Klaus hat einen Ferienjob. ⬜R ⬜F
2. Er arbeitet in einem Fahrradladen. ⬜R ⬜F
3. Klaus arbeitet drei Wochen, dann fährt er nach Spanien. ⬜R ⬜F

4. Die Eltern von Klaus reisen gern allein. ⬜R ⬜F
5. Maria fährt gern mit ihren Eltern weg. ⬜R ⬜F
6. Maria möchte am Strand chillen. ⬜R ⬜F

7 Am Fahrkartenschalter

🔊 **a** Hör zu. Welche Reaktion passt? Kreuze an. 听录音。哪种反应正确？请画叉。

1. ⬜a Ja, einen Platz am Fenster, bitte.
   ⬜b Ich möchte nach Dresden.

2. ⬜a Nein.
   ⬜b Ja, ich fahre morgen.

3. ⬜a Das ist aber teuer.
   ⬜b Nein, ich zahle bar.

b Ordne den Dialog. 整理对话。

● ⬜
■ Wann möchtet ihr denn fahren?
● ⬜
■ Mit dem ICE?
● ⬜
■ Habt ihr eine BahnCard?
● ⬜
■ Dann kostet das Normalticket 112 Euro pro Person.
● ⬜
■ Aber es gibt einen Sparpreis, da fahrt ihr für 69. Aber ihr müsst genau mit diesem Zug fahren.
● ⬜
■ OK, braucht ihr auch eine Rückfahrkarte?
● ⬜
■ OK, das macht dann zusammen hin und zurück für zwei Personen 276 Euro.
● ⬜
■ Na gut.

a) Am Mittwochnachmittag.
b) Das ist schon besser.
c) Guten Tag, wir hätten gerne zwei Fahrkarten nach Dresden.
d) Ja, wir wollen Dienstagmorgen zurückfahren.
e) Nein.
f) Warten Sie. Das ist doch zu teuer. Ich glaube, wir suchen mal nach Bus-Angeboten.
g) Was kostet denn der ICE?
h) Was? Das ist viel zu teuer.

8 Sprechen üben – Nachfragen

🔊 Hör zu. Welche Antwort passt? 听录音。哪个回答正确？

1. ⬜a Aus München.
   ⬜b Um 8.30 Uhr.

2. ⬜a Auf Gleis 3.
   ⬜b Um 15.33 Uhr.

3. ⬜a Nach Berlin.
   ⬜b Auf Gleis 12.

9 Rollenspiel: Dialoge am Bahnhof

Was sagt der/die Angestellte und was sagt der Kunde / die Kundin? Notiere A oder K.
店员怎么说？顾客怎么说？记下 A 或 K。

⬜ 4 Euro. ⬜ Das kostet zusammen dann … Euro. ⬜ Es gibt eine Verbindung um 10.32 Uhr.

⬜ Ich möchte eine Fahrkarte nach … ⬜ Ist die direkt? ⬜ Morgens, so um 10 Uhr.

⬜ Nein, Sie müssen in … umsteigen. ⬜ Ok, dann mit Reservierung.

⬜ Wann möchten Sie fahren? ⬜ Was kostet das? ⬜ Wollen Sie einen Sitzplatz reservieren?

Leseecke

a Lies den Text. Wofür braucht der Prinz die 10 Wörter? 读文章。王子需要 10 个单词来做什么？

10 Wörter

Es war einmal ein Prinz, der sehr faul war. Jeden Tag ließ er sich bedienen, ohne selbst tätig zu werden[1]. Dem König gefiel dies gar nicht. Daher stellte er seinem Sohn eine Aufgabe: „Wenn du König werden möchtest, musst du lernen, wie das Volk zu leben. Mach dich auf eine Reise jenseits[2] der Berge, wo die Menschen eine fremde Sprache sprechen. Meide die Königshäuser. Du sollst lernen, wie ein einfacher Mensch zu leben. Und da einfache Menschen wenig besitzen, sollst auch du mit wenig reisen.

Überlege dir 10 Wörter, die du für deine Reise benötigst[3]. Dein Lehrer wird sie dir übersetzen. Diese Wörter werden dein einziges Gepäck sein."

Der Prinz war entsetzt, musste aber seinem Vater gehorchen. Er überlegte mehrere Tage. Schließlich ging er mit seiner Liste zu seinem Lehrer . „Du hast gut gewählt. Deine Wörter werden dir sehr nützlich sein. Ich werde dir helfen, sie zu übersetzen und zu sprechen."

[1] etwas zu tun [2] auf der anderen Seite von [3] brauchst

b Notiere deine 10 Wörter und vergleiche in der Klasse. 记下 10 个单词并在课堂上作比较。

1	2	3	4	5
6	7	8	9	10

Meine Ecke

Wie viele Wörter sind in diesem Wort? Vergleiche in der Klasse.
在这个单词中有多少单词？在课堂上作交流。

DONAUDAMPFSCHIFFFAHRTSKAPITÄNSMÜTZENHALTER

Mach die Übungen. Kontrolliere im Schlüssel auf Seite 86 und 87 und kreuze an:
做下列练习，核对第 86 和 87 页的答案。请画叉：

☺ das kann ich gut   ☺ das kann ich einigermaßen   ☹ das muss ich noch üben.

1 Vorlieben und Abneigungen nennen   **Schreib die Sätze.** 写句子。

1. Ich gehe lieber   a) denn das gefällt mir nicht.
2. Ich finde Freizeitparks   b) im Sommer, aber nicht im Winter.
3. Ich liebe Fahrradtouren   c) ins Kino als ins Museum.
4. Ich gehe nicht wandern,   d) nicht so toll.

Ich gehe lieber ...

2 Zustimmen und ablehnen   **Was passt zusammen? Ordne zu.**
将 1–5 与 a)–e) 配对。

1. Wollen wir eine Radtour machen?   _____ a) Ich auch nicht.

2. Ich fahre nach Hamburg.   _____ b) Tolle Idee. Wohin willst du fahren?

3. Das wird bestimmt super.   _____ c) Ein Städtereise ist mir zu teuer.

4. Ich gehe nicht gern wandern.   _____ d) Ich bin dafür. Wann? Heute Abend?

5. Wer kommt mit ins Kino?   _____ e) Das glaube ich auch.

3 Eine Reise planen   **Ergänze die Frageanfänge. Ordne die Fragen 1–5 den Antworten a)–e) zu.** 补充问句的开头。将问题与回答配对。

Wann – Was willst – Wohin – Was kostet – Wie lange

1. _____ wollen wir fahren?   _____ a) Ich glaube, etwa 20 Euro pro Nacht.

2. _____ fahren wir, Anfang Juli? _____ b) Ich kann erst ab dem 17.

3. _____ du in München machen?   _____ c) Ich möchte gern eine Woche bleiben.

4. _____ die Jugendherberge?   _____ d) Wir können nach München fahren.

5. _____ wollen wir in München   _____ e) Zuerst mal die Stadt ansehen und dann
   bleiben?   zu den Seen fahren.

4 Fahrkarten kaufen   **Du hörst 7 Fragen (a–g). Ordne sie den Antworten 1–7 zu.**
听 7 个问句（a–g）。将问句与回答 1–7 相匹配。

1. _____ Ich hätte gerne eine Fahrkarte nach Bremen.

2. _____ Übermorgen.

3. _____ Zwischen zehn und elf.

4. _____ Hin und zurück, bitte.

5. _____ Nein. Ich habe keine BahnCard.

6. _____ 2. Klasse, natürlich.

7. _____ Ja, am Fenster, bitte.

Seite 52

der Bau, -ten ....

die Burg, -en ....

das Dach, "-er ....

der Dom, -e ....

zweit-/dritt-/viertgrößte ....

der Fahrradweg, -e ....

der Hafen, "– ....

die Fußgängerzone, -n ....

die Industrie, -n ....

das Studio, -s ....

der Vergnügungspark, -s ....

die Wirtschaft, (nur Sg.) ....

der Felsen, – ....

gründen ....

Seite 53

die Fabrik, -en ....

der Stein, -e ....

halten ....

gegen ....

ein paarmal ....

· Kein Problem. ....

· Das reicht. ....

etwas toll finden ....

· Das finde ich (nicht so) toll. ....

Seite 54

verreisen ....

· Bitte nicht! ....

dagegen sein – dafür sein ....

um … (herum) ....

Seite 55

die Fahrt, -en ....

die Halskette, -n ....

der Ring, -e ....

der Brieffreund, -e ....

die Brieffreundin, -nen ....

dorthin ....

die Quelle, -n ....

Seite 56

der ICE ....

1./2. Klasse ....

· Erste oder zweite Klasse? ....

die BahnCard, -s ....

die Buchung, -en ....

die Dauer, (nur Sg.) ....

eintragen ....

der Gang, "-e ....

das Fenster, – ....

· Am Fenster oder
  am Gang? ....

Hbf (Hauptbahnhof) ....

hin und zurück ....

· Einfach oder hin
  und zurück? ....

der Kalender, – ....

das Produkt, -e ....

· Von welchem Gleis
  fährt der Zug? ....

die Möglichkeit, -en ....

Seite 57

die Abfahrt, (nur Sg.) ....

die Ankunft, (nur Sg.) ....

die Reservierung, -en ....

die Strecke, -n ....

die Verbindung, -en ....

*Jetzt warte ich schon
drei Stunden auf meinen Flug.
Das nächste Mal fliege ich
wieder selbst.*

Reisen

mit dem Flugzeug	fliegen	der Hafen, "–	das Flugticket, -s	buchen
mit dem Schiff	fahren	der Flughafen, "–	die Fahrkarte, -n	reservieren
mit dem Zug		der Bahnhof, "-e	der Ausweis, -e	verreisen
mit dem Bus		der Busbahnhof, "-e	der Pass, "-e	übernachten
mit dem Auto			der Rucksack, "-e	besichtigen
mit dem Fahrrad			der Koffer, –	chillen
mit der Straßenbahn			die Tasche, -n	
zu Fuß	wandern			

1 Was ist los, Georg?

a Schreib das Gegenteil. 写反义词。

verlieren – ~~langweilig~~ – gut finden – in der Nähe von – glücklich – bleiben – sich ärgern

spannend	≠ _langweilig_		sich freuen	≠ _____
neue Freunde finden	≠ Freunde _____		weit weg von	≠ _____
traurig sein	≠ _____ sein		nichts halten von	≠ _____
weggehen	≠ _____			

b Ordne zu und ergänze die Endungen für den Dativ und den Akkusativ.
   将 1–7 与 a)–g) 相匹配。补充第三格和第四格词尾。

1. Alle Schüler freuen sich   ☐ a) von ein___ Auslandsaufenthalt.

2. Natürlich ärgert man sich   ☐ b) gerne im Unterricht über sozial___ Themen.

3. Fast alle Jugendlichen interessieren sich   ☐ c) mit eur___ Lehrer?

4. Manche Leute halten nichts   ☐ d) über ein___ schlecht___ Note.

5. Viele Schüler diskutieren   ☐ e) auf d___ Mittagessen.

6. In der Kantine wartet man oft lange   ☐ f) für Musik.

7. Diskutiert ihr auch im Unterricht   ☐ g) auf d___ groß___ Ferien.

c Ergänze die Verben in der richtigen Form und die Präpositionen. 补充动词的正确形式和介词。

sich ärgern über – diskutieren über –
sich freuen auf – sich interessieren für

Letzten Samstag haben wir uns bei Marcel

getroffen. Ich habe _____ schon

_____ die Party _____.

Aber Sabrina _____ _____ sehr

_____ Politik und die Mädchen haben

den ganzen Abend _____ die Weltpolitik

_____. Keine wollte tanzen. Wir

Jungs haben _____ total _____

Sabrina _____.

warten auf – sprechen mit … über … –
sich freuen auf – antworten auf – halten von

Lukas war heute bei mir. Ich habe _____

sehr _____ den Nachmittag

_____. Aber erst habe ich eine

Stunde _____ ihn _____. Dann

wollte er ein Fußballspiel sehen. Ich _____

nichts _____ Fußball, aber er hat

sehr konzentriert geguckt. Ich wollte _____

_____ _____ die Klassenfahrt

_____, aber _____ meine Fragen

hat er immer nur „Hm, hm" _____.

2 Eine E-Mail schreiben

Lies Jakobs E-Mail. Zehn Präpositionen hat er falsch benutzt. Korrigiere.
这封电子邮件中有 10 个介词错误，请修改。

Neue Mail   ⇨ **Senden**

Hi, Georg!

Das Wichtigste zuerst: Klar, kannst du zu mir kommen!! Ich kann total verstehen, dass du dich für
deine Eltern ärgerst. Eltern wissen ja gar nicht, was wirklich wichtig ist! Sie halten nichts mit Fußball
und mit dem Chillen mit Freunden. Meine Eltern sind genauso. Stell dir vor, wenn du zu mir kommst,
dann können wir alles zusammen machen. Wir interessieren uns beide über Fußball und über Rapmu-
sik. Das finde ich super! Und ein Zimmer ist auch frei, denn Hanno studiert ja in Köln.
Natürlich kannst du nach Frankfurt fahren und da zur Schule gehen und dich zu deinen Freunden
treffen. Du brauchst mit der Bahn gut eine Stunde. Kein Problem. Wir müssen überlegen, wie wir mit
unseren Eltern auf dein Problem sprechen. Vielleicht ärgern sie sich erst für unseren Plan, aber wir
müssen hart bleiben. Kannst du am nächsten Wochenende kommen? Dann machen wir einen Plan.
Antworte mir bitte gleich über diese Mail. Ich warte für deine Antwort.

Jakob

über deine Eltern

---

3 Ins Ausland gehen

🔊 **a** Abschiedsparty – Wer ist dafür ➕ und wer dagegen ➖? Hör zu und kreuze an.
告别晚会——谁赞同（＋）？谁反对（－）？听录音，请画叉。

1. ➕ ➖   2. ➕ ➖   3. ➕ ➖

b Lies den Erfahrungsbericht von Lucia und kreuze an: richtig oder falsch? 判断正误，请画叉。

Vor einem Jahr bin ich mit meinen Eltern nach Namibia gegangen. Mein Vater ist Ingenieur und hat
ein großes Projekt in der Nähe von Windhoek. Bei den letzten Projekten ist er immer alleine ins Ausland gefahren. Dieses Mal wollte meine Mutter das nicht. Sie wollte, dass wir zusammen nach Namibia
gehen. Ich hatte noch nie etwas von Windhoek gehört und hatte keine Ahnung, wo das liegt, und ich

5   wollte es auch gar nicht wissen! Ich war gern in München, dort habe ich meine
Freunde und meine beste Freundin Wera. Ich war sehr traurig. Wera hat mir sehr
geholfen und hilft mir auch jetzt noch. Wir chatten jeden Tag und am Wochenende telefonieren wir oft stundenlang online. Manchmal auch zu dritt oder zu viert.
Jetzt habe ich auch hier Freunde, aber am Anfang war es schwierig. Die anderen

10   in der Klasse waren zwar nett und freundlich, aber sie interessieren sich für andere Dinge. Ich war frustriert.
Dann hat mich die Tochter von einem Kollegen von meinem Vater eingeladen.
Larissa ist zwei Jahre älter als ich, und ich glaube, dass ihre Eltern ihr gesagt
haben, dass sie mich einladen soll. Wir wussten nicht, was wir zusammen machen sollten.

15   Aber dann sind wir zusammen zur Aufführung von der Trommel-AG gegangen. Das war total cool,
das wollte ich auch gerne machen. Larissa hat die Schüler von der Trommel-AG gut gekannt, denn
viele waren aus ihrer Klasse. Sie hat mich dann Efia und Gabriel vorgestellt. Die haben sich gefreut,
dass ich mitmachen wollte. Jetzt bin ich seit vier Monaten dabei, es macht mir viel Spaß und ich habe
neue Freunde gefunden. Zur Aufführung im nächsten Jahr kommt vielleicht auch Wera. Wenn ihre

20   Eltern es erlauben, besucht sie mich in ihren Ferien. Ich möchte so gerne, dass Wera mein Leben hier
kennenlernt.

---

1. Lucias Familie zieht immer zur Arbeitsstelle vom Vater um.   R F
2. Lucia hat noch viel Kontakt mit ihren Freunden aus München.   R F
3. Die erste gute Freundin war Larissa.   R F
4. Larissa hat Lucia geholfen.   R F
5. Lucia ist in der Trommel-AG aktiv.   R F
6. Lucia hat neue Freunde und braucht Wera nicht mehr.   R F

4 Abschiedsgeschenke für Georg

a Ordne und schreib die Sätze und markiere den Dativ und den Akkusativ.
整理并写句子，将第三格和第四格标出来。

1. mir / du / aus der Bibliothek / den neuen Bond-Film / Kannst / mitbringen / ?

   Kannst du mir den neuen Bond-Film aus der Bibliothek mitbringen?
          DAT   AKK

2. Marie / ihren Freundinnen / zeigt / die Stadt / .

   _____

3. viel Glück / Wir / euch / wünschen / .

   _____

4. uns / die Matheaufgaben / Wer / erklären / kann / ?

   _____

5. schreiben / viele Mails / Jan / Seine Freunde / .

   _____

6. kleinen Bruder / abends im Bett / Ich / spannende Geschichten / erzähle / meinem / .

   _____

7. mir / reparieren / Kannst / mein Fahrrad / du / ?

   _____

8. kann / Ich / eine gute Spiele-App / euch / empfehlen / .

   _____

b Schreib die Wörter mit Artikel und Pluralform zu den Bildern. 看图片写出单词及其冠词和复数形式。

A	B	C	D

die Zeitschrift, –en

E	F	G	H

I	J	K	L

c Wem kann man was schenken? Schreib je einen Satz. Vergleiche in der Klasse.
送他们什么？每幅图各写一句。在课堂上作比较。

Man kann den kleinen Kindern einen Ball schenken.
Den kleinen Kindern kann man einen Ball schenken.

5 Vielen Dank für die Party

a Ordne die Teile von der E-Mail. 整理电子邮件。

A Das Leben ohne euch kann ich mir noch gar nicht vorstellen.

B Schreibt mir bald!!!

C Hi, Freunde,

D Liebe Grüße

E Ihr habt eine tolle Party organisiert. Wir haben so viel zusammen gelacht, das hat mir gutgetan! Miki, die Musik war super! Und eure Geschenke, ich habe mich total gefreut!

F jetzt sitze ich im Flugzeug auf dem Weg nach Moskau und habe erst mal zwei Stunden geschlafen. Wow, war das toll gestern!

G Georg

b Denk an deinen letzten Geburtstag. Schreib eine Dankesmail an deine Freunde.
想想你的上个生日，给你的朋友们写一封感谢信。

c Abschiedssprüche. Was passt zusammen? Ordne zu. 将 1–6 与 a)–f) 相匹配。

1. Du fehlst mir
2. Du hast keine Chance,
3. Wir denken an dich,
4. Bleib, wie du bist,
5. Niemals geht man ganz, etwas von dir
6. Viel Spaß

a) bleibt hier, hat seinen Platz bei mir.
b) denk auch an uns.
c) im neuen Land!
d) nutze sie.
e) schon jetzt.
f) und ändere dich täglich!

d Hör die Sprüche. Sieh dir die Bilder an. Wie sagen diese Personen die Sprüche? Spielt in der Klasse.
听录音。仔细看图片。这些人怎么说这些话？在班上表演。

| ernst | fröhlich | frech | traurig | cool |

6 Der will ja nicht mit uns reden.

a Welche Antwort passt? Hör zu und kreuze an. 哪个回答正确？听录音，请画叉。

1.
a Wie kommst du denn darauf?
b Ich weiß gar nicht, was du gegen den hast.
c Du, Niki will mit dir reden.

2.
a Ich finde diese Streitereien blöd.
b Ich weiß gar nicht, was du gegen die hast.
c Eigentlich finde ich sie auch ganz o.k..

3.
a Ich mag ihn auch.
b Mir egal.
c Ich habe auch nichts gegen ihn.

4.
a Mir egal. Ich finde diese Streitereien sowieso blöd.
b Wie kommst du denn darauf?
c Was hast du denn gegen den?

b Ergänze die Verben in der richtigen Form. 补充动词的正确形式。

sich kennen – sich wundern – sich trauen – sich streiten

Georg ist neu in der Klasse. Die anderen Schüler _____ _____ schon lange. Georg möchte gerne

mit Siri sprechen und sie kennenlernen, aber er _____ _____ nicht. Dann passieren komische

Dinge. Georg _____ _____ erst, aber dann merkt er, dass Ricci ihn ärgern möchte. Georg überlegt,

ob er _____ mit ihm _____ soll. Er weiß nicht, was er tun soll.

c Ergänze den Text mit *nicht* oder *nichts*. 用 nicht 或 nichts 补充短文。

Georg hat Angst, dass Siri _____ **1** mit ihm zu tun haben möchte. Deshalb geht er

_____ **2** zu ihr. Er wartet nur und spricht _____ **3** mit ihr. Er traut sich

_____ **4**. Ricci ärgert Georg und die anderen Schüler in der Klasse tun

_____ **5**. Georg weiß _____ **6**, was er tun soll.

d Siri erzählt die Geschichte mit Georg. Ergänze die Verben im Perfekt.
　Siri 讲述了她和 Geory 的故事。补充动词的现在完成时。

---

25. September

Vor ein paar Wochen _ist_ ein neuer Schüler in unsere Klasse _gekommen_ (kommen). Er

heißt Georg und sieht nett aus, aber er ist ein bisschen langweilig. Er sagt nicht viel und beobachtet

uns nur immer. Letzte Woche _____ er Rico _____ (ärgern). Ich

_____ es gar nicht _____ (merken), aber Alex _____

in der Klasse _____ (erzählen), dass er _____ _____

(sehen) wie Georg über Rico _____ _____ (lachen) und das mag Rico

überhaupt nicht. Und dann _____ die Probleme _____ (anfangen).

Jeden Tag _____ etwas _____ (passieren): einmal war Georgs

Stuhl weg, Rico _____ ihn über die Tafel _____ (hängen). Das

_____ lustig _____ (aussehen) und wir _____ alle

_____ (lachen). Am nächsten Tag _____ (sein) die Tafelstifte unter

Georgs Tisch. Herr Behrendt _____ (sein) stinksauer. Georg _____

_____ (sagen), dass er nicht weiß, wie die da _____

_____ (hinkommen). Aber Herr Behrendt _____ ihm das natürlich

nicht _____ (glauben). Und so _____ es _____

(weitergehen).

Rico _____ überhaupt nicht mehr _____ (aufhören). Das

_____ ich blöd _____ (finden). Einmal muss ja auch Schluss sein. Ich

wollte eigentlich Georg helfen, aber ich _____ nicht _____ (wissen)

wie.

Dann _____ Mia einmal _____

(hören), wie er Gitarre _____

_____ (spielen). Mia und Rico spielen

zusammen in der Schulband und da brauchen sie noch

Gitarristen. Rico wollte erst nicht. Aber dann

_____ er Georg doch _____

(fragen), ob er mitspielen möchte.

Und Georg wollte und er spielt super! Er _____

sogar ein Solo beim letzten Schulfest _____

(spielen). Ich finde ihn toll und ich glaube, er mag mich auch.

Georg bei der ersten Probe

Leseecke und Hörstudio: Marmorkuchen

🔊 Lies die Sätze A bis I. Hör zu und bring dann das Rezept in die richtige Reihenfolge. Der Junge beschreibt nicht jedes Detail.

读句子（A–I）。听录音，按正确的顺序排列食谱。男孩并未描述每一个细节。

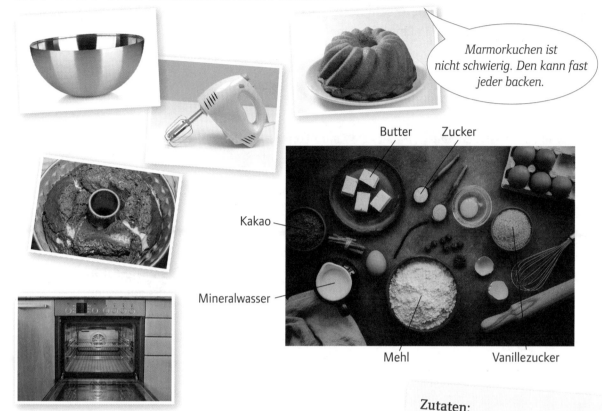

Marmorkuchen ist nicht schwierig. Den kann fast jeder backen.

Butter   Zucker

Kakao

Mineralwasser

Mehl   Vanillezucker

Zutaten:
300 g Butter
4–5 Eier (300g)
300 g Zucker
1 Päckchen Vanillezucker
3 EL Mineralwasser
300 g Mehl
3 EL Kakao
1 Tl Butter zum Einfetten der Backform
½ Päckchen Backpulver

Zubereitung:

A ☐ Den Kuchen eine Stunde im Backofen backen.

B ☐ Die erste Hälfte vom hellen Teig in die Backform geben, danach den Schokoteig und zum Schluss die zweite Hälfte vom hellen Teig.

C ☐ Vorsichtig rühren und mit einer Gabel ein schönes Marmormuster machen.

D ☐ Den Backofen auf 180°C vorheizen und die Backform mit etwas Butter einfetten.

E ☐ Den Teig teilen und die eine Hälfte mit dem Kakaopulver mischen.

F ☐ Mehl und Backpulver dazugeben und den Teig weiterrühren.

G ☐ Alles rühren.

H ☐ Mineralwasser und die Eier in die Schüssel geben und immer weiterrühren.

I ☐ Butter, Zucker und Vanillezucker in eine Schüssel geben.

Meine Ecke

Ratespiel für Spezialisten: Erkläre ein einfaches Rezept auf Deutsch. Die Verben helfen dir. Sag aber nicht, was es ist. Die anderen raten.

给小专家的猜谜游戏：用德语解释一个简单食谱，下面的动词给你提供帮助。但不要说这是什么，让其他人猜一猜。

putzen

schneiden

kochen

braten

rühren

Mach die Übungen. Kontrolliere im Schlüssel auf Seite 87 und kreuze an:
做下列练习，核对第 87 页上的答案，请画叉。

😊 das kann ich gut   😐 das kann ich einigermaßen   😟 das muss ich noch üben.

1 Ein Problem beschreiben/schildern   **Schreib die Sätze. 写句子。**

1. ich / mich / über / ärgern / in Physik / meine schlechte Note / .

_____

2. ich / meinen Freunden / über / mit / das Problem / diskutieren / .

_____

3. sie / mich / verstehen / gut / , / aber / sie / mir / können / helfen / nicht / .

_____

4. sie / auch nicht / wissen / , / was / sollen / machen / ich / .

_____

2 Vor- und Nachteile formulieren   **Pro und Kontra: eine Zeitlang im Ausland leben.**
Ergänze die passenden Satzanfänge. 赞同和反对：在国外生活一段时间。补充合适的句子开头。
Ein Vorteil ist, dass man … – Ein Nachteil ist vielleicht, dass man … – Es ist gut, wenn … –
Es ist traurig, wenn … – Ich finde, es ist eine echte Chance, …

1. _____ neue Freunde finden muss.

2. _____ andere Menschen kennenlernt.

3. _____ weil man eine neue Sprache lernt.

4. _____ man die Freunde zu Hause nicht mehr sieht.

5. _____ man neue Erfahrungen machen kann.

3 Über Geschenke sprechen   **Schreib die Sätze. 写句子。**

1. schenken: Wer: Ich – Wem: Eltern – Was: DVD

   Ich schenke meinen _____ .

2. schenken: Wer: Mein Bruder und ich – Wem: Opa + Oma – Was: Bild

   _____

3. kaufen: Wer: Mein Bruder – Wem: Freundin – Was: Ring

   _____

4. kaufen: Wer: Ich – Wem: Bruder – Was: Computerspiel

   _____

4 Über eine Person sprechen

🔊 **Hör das Gespräch zwischen Daniel und Marie und kreuze an: richtig oder falsch?**
听 Daniel 和 Marie 的对话，判断正误。请画叉。

	R	F
1. Daniel findet, dass Annkristin besonders nett ist.	R	F
2. Annkristin spricht viel über Berlin.	R	F
3. Marie ist vor zwei Jahren neu in die Klasse gekommen.	R	F
4. Marie hat sich sofort wohl gefühlt.	R	F
5. Daniel hat Marie vor zwei Jahren geholfen.	R	F
6. Marie und Daniel wollen Annkristin helfen.	R	F

Seite 59

der Umzug, "-e ....

· Das gibt es doch gar nicht! ....

der Abschied, -e ....

das Abschiedsgeschenk, -e. ....

Seite 60

die Arbeitsstelle, -n ....

· Ich gehöre zum Team. ....

die Universität, -en ....

ziehen ....

· Vielleicht kann ich zu
 euch ziehen. ....

der Auslandsaufenthalt, -e. ....

Seite 61

die Situation, -en ....

der Auswanderer, – ....

die Auswanderin, -nen ....

der Zuwanderer, – ....

die Zuwanderin, -nen ....

die Berufsaussichten, (nur Pl.). ....

der Grund, "-e ....

die Heimat, (nur Sg.) ....

der Lohn, "-e ....

· höhere/niedrigere Löhne ....

die Migrationsgeschichte, -n ....

die Rückkehr, (nur Sg.) ....

wegziehen ....

· Wir ziehen weg. ....

echt ....

· Das ist eine echte Chance. ....

Seite 62

die Kurznachricht, -en ....

leihen ....

die Puppe, -n ....

Seite 63

meckern ....

der Zweck, -e ....

· Das hat keinen Zweck. ....

Seite 64

sich kennen ....

· Wir kennen uns
 schon lange. ....

beachten ....

bemerken ....

aneinandergeraten ....

dazwischengehen ....

gespannt sein ....

· Ich bin gespannt,
 wer gewinnt. ....

kämpfen ....

· Wie kommst du denn
 darauf? ....

lächeln ....

egal ....

· Mir egal! ....

der Pausenhof, "-e ....

die Wut, (nur Sg.) ....

· Er schäumt vor Wut. ....

Seite 65

· Gott sei Dank! ....

grinsen ....

ratlos ....

der Tafelstift, -e ....

· Eigentlich finde ich ihn o.k. ....

· Was hast du denn gegen ....
 ihn? ....

der Quatsch, (nur Sg.) ....

· Das ist so ein Quatsch! ....

· Worum geht es? ....

Verben mit Präpositionen

diskutieren	mit jmdm. über etwas	sich wundern über etwas/jmdn.	sich interessieren für
sprechen	mit jmdm. über etwas	sich freuen über etwas/jmdn.	etwas halten von
reden	mit jmdm. über etwas	sich ärgern über etwas/jmdn.	gehören zu
lachen	mit jmdm. über etwas/jmdn.		etwas haben gegen
streiten	mit jmdm. über etwas/jmdn.	warten auf etwas/jmdn.	etwas zu tun haben mit
		sich freuen auf etwas/jmdn.	
		antworten auf etwas/jmdn.	

Grammatik wiederholen

E8 | Fitness und Sport

a Komparativ und Superlativ – Ergänze die Adjektive in der richtigen Form.
比较级和最高级——填入形容词的正确形式。

Dialog 1

langsam – langsam – schnell

● Hey, Dennis. Wie waren die Bundesjugendspiele?

■ Ach ganz lustig. Luise war heute _____

_____ , sie ist die 50 Meter in

10,1 Sekunden gelaufen. Max war heute viel

_____ als sie, 10,8 Sekunden. Er war sauer.

● Und du?

■ Ich war _____ als Max, 11,2 Sekunden, aber Laufen ist ja nicht so mein Ding.

Dialog 2

viel – gut – schnell – gut

● Wie habt ihr gestern gespielt?

■ Na ja, vor der Pause haben wir _____ Punkte gemacht als die anderen. 17:14

für uns. Nach der Pause waren wir müde. Die anderen hatten eine _____

Kondition. Sie sind _____ gelaufen und haben _____ getroffen. Wir

haben 17:21 verloren.

E9 | Unsere Feste

Schreib die Fragen. 写问句。

Am Bahnsteig

● Können Sie mir sagen, _wann_____?

■ Der nächste Zug fährt um 13.17 Uhr.

Anruf bei der Jugendherberge

● Guten Tag. Können Sie mir bitte sagen, _____?

■ Ein Zimmer mit Bad für 3 Personen kostet 35 Euro pro Nacht.

An der Theaterkasse

● Können Sie mir sagen, _____?

■ Die Karten kosten 30€, 50€ und 70€.

In der Touristeninformation

● Entschuldigung, wissen Sie, _____?

■ Ja, das Pergamonmuseum ist jeden Tag geöffnet.

E10 | Austausch

a In der Pause: Wo
liegt oder *steht* was
in der Klasse?
Beschreib Bild A.
课间休息：在教室里什么
东西横放或竖放在哪里？
描述图 A。

Die Pflanze steht ... _____

_____

_____

_____

b Sieh dir Bild B an und
antworte: Was machen
die Schüler gerade?
看图 B 回答：学生们
正在做什么？

Ein Schüler stellt die Pflanze ... _____

_____

_____

_____

E11 | Berliner Luft

Markiere die richtige Präposition in jeder Wegbeschreibung.
将路线描述中正确的介词标出来。

- ● Entschuldigung, wie komme ich **nach/zu/in** dem „Café Einstein"?

- ▪ Das ist ganz einfach. Das Café Einstein ist ganz in der Nähe. Gehen Sie **in/durch/auf** den Tunnel und dann sofort rechts.

- ▶ Aber nein! Das Café Einstein? Da gehen Sie hier **an/über/durch** den Platz und **an/neben/über** die Kreuzung nach rechts. Dann sehen Sie es schon.

- ◆ Nein, das ist ganz falsch! Zum Café Einstein gehen Sie hier **über/durch/an** den Park und immer geradeaus.

- ● Ähm? Ja, alles o.k., ich weiß Bescheid, danke.

E12 | Welt und Umwelt

a Ordne die Satzteile und schreib Ratschläge mit *sollt...*. 整理句子成分，用 sollt... 写建议。

1. sparen / wir / mehr / Energie _____

2. zu spät kommen / du / nicht so oft _____

3. verbrauchen / ihr / nicht so viel / Wasser _____

4. Auto fahren / die Menschen / weniger _____

b Ergänze die Antworten. Benutze *nie, nichts, alle, niemand/keiner*.
补充回答。使用 nie，nichts，alle，niemand/keiner。

1. ● Hat keiner die Hausaufgabe gemacht?

   ▪ Doch, Herr Müller, *wir haben* _____

2. ● Kann jemand von euch Arabisch sprechen?

   ▪ Nein, leider _____

3. ● Möchtest du etwas trinken?

   ▪ Nein danke, ich _____

4. ● Du willst immer Streit!

   ▪ Das stimmt nicht. Ich _____

c Lies die Sätze und schreib Nomen wie im Beispiel. 读句子。参照示例，写名词。

1. Ich fahre gern Rad. → *Radfahren* macht mir Spaß.

2. Es ist wichtig, dass man die Zähne putzt. → _____ ist wichtig.

3. Wir können jetzt zu Mittag essen. → Das _____ ist fertig.

4. Ich lerne gern Deutsch. → _____ ist prima!

E13 | Reisen am Rhein

Ergänze die Postkarte.
补充明信片内容。

in – in – in – ins – nach –
bei – mit dem – am – um –
gegen

Lieber Christopher,

uns geht's gut. Wir sind jetzt _____
Berlin. Wir wohnen _____ Freunden.
Sie haben auch zwei Jungen. Gestern sind wir
zusammen _____ einen Club gegangen.
Heute haben wir eine Radtour _____
den Wannsee gemacht, Sascha war noch müde
und ist fast _____ ein Auto gefahren ☺.
Morgen wollen wir _____ Pergamonmuseum. Am Wochenende fahren wir _____
_____ Zug _____ Wien. Und
wie waren eure Ferien _____ Meer?

Liebe Grüße
Thomas und Sascha

Christopher Wunderlich
Am Burgturm 11
50899 Köln

E14 | Ein Abschied

a Ergänze die richtige Präposition. 补充正确的介词。

Magda macht ein Auslandsjahr in Chile. Sie interessiert sich sehr _____ Sprachen. Sie hat Spa-
nisch in der Schule gelernt. Jetzt wartet sie _____ eine Antwort von der Gastfamilie. Ihre beste
Freundin macht auch einen Austausch. Sie haben sich beide sehr _____ ihre Chance gefreut
und haben viel _____ die Situation und die möglichen Probleme diskutiert.

b Verben mit zwei Ergänzungen – Schreib die Sätze. 支配两个补足语的动词——写句子。

1. Mein Vater / die Matheaufgaben / mir / erklärt / . _____

2. seinem Bruder / Kevin / leiht / das Moped / . _____

3. will / kaufen / Meine Oma / uns / einen Hund / . _____

4. schreibe / Ich / eine SMS / meiner Freundin / . _____

5. unseren Eltern / Wir / einen Theaterabend / schenken / . _____

Wortschatz trainieren

a Die Komposita sind durcheinander. Schreib sie richtig und ordne sie den Kategorien zu.
复合词是混乱的，将其写正确并匹配到相应的类别。

BERUFE – MEDIEN/TECHNIK – MODE – SCHULE – REISEN – ~~LEBENSMITTEL~~ –
FREIZEIT/SPORT – ZIMMER

A	B	C	D
~~Käse~~saft	Deutschplan	Bahnzeug	Automann
Orangenwurst	Stundensprache	Jugendhof	Krankenmechaniker
Brat~~brötchen~~	Fremdkurs	Flugherberge	Kameraschwester

E	F	G	H
Minibrille	Campingbad	Tierhörer	Büchertisch
Sonnenring	Eisplatz	Kopfbericht	Schreibkorb
Ohrrock	Schwimmdisco	Wetterfilm	Papierregal

A LEBENSMITTEL	B	C	D
Käsebrötchen			
frühstücken			

E	F	G	H

b Ordne die Verben und Adjektive den Kästen A–H oben zu. Es gibt mehrere Möglichkeiten.
将动词和形容词与上面的 A–H 相匹配。答案不是唯一。

aussehen   kochen   basteln   übernachten   anziehen
~~frühstücken~~   besichtigen   abfahren   kaufen
schmecken   sehen   feiern   ankommen
laufen   chatten   wiederholen   tragen
verreisen   wandern   korrigieren   surfen

frisch   aktiv   einfach   billig
verrückt   streng   elektronisch
bequem   warm   komplizert   lecker   schwer
gesund   modisch   freundlich   lustig
neu   langweilig

PRÜFUNGSTRAINING DSD A2

Lesen: Teil 1
Ferien

Die Schüler erzählen von ihren Ferien. Wo waren sie? 学生们在谈论他们的假期。他们在哪里度了假？
Schreibe den richtigen Buchstaben (A-G) in die rechte Spalte. Du kannst jeden Buchstaben nur einmal
verwenden. Ein Buchstabe bleibt übrig.
将正确的字母 A–G 写到右栏线上。每个字母只能使用一次。有一个字母是多余的。

1 Eigentlich wollte ich nicht, aber meine Eltern haben gesagt, dass ich muss, weil meine
Noten so schlecht waren. Aber dann war es richtig gut. Wir hatten auch ein tolles
Freizeitprogramm.   _____

2 Ich bin in den Ferien viel Fahrrad gefahren und gelaufen. Keine Fahrradtour, sondern
von Haus zu Haus und dort habe ich Prospekte verteilt. Jetzt kann ich mir das neue
Handy kaufen.   _____

3 Der Urlaub war super. Erst in München das Deutsche Museum, dann in Hamburg der
Hafen, und dann noch Berlin, wirklich toll! Meine Eltern waren natürlich in vielen
Museen, aber da bin ich nicht mitgegangen, ich bin lieber shoppen gegangen.   _____

4 Wir haben nicht so viel gemacht, weil in Gersfeld nicht so viel los ist. Aber mein Cousin
war auch da und wir konnten schwimmen, lesen und Radtouren machen. Und meine
Oma kann toll kochen.   _____

5 Es war sehr stürmisch und kalt und an vielen Tagen hat es auch geregnet. Viele Leute
haben Windsurfen gemacht, aber das kann ich nicht und will es auch nicht lernen. Ich
liege lieber in der Sonne am Strand. Wir hatten wirklich Pech.   _____

6 Das Wetter war toll, sonnig und warm. Ich war oft im Schwimmbad. Aber es war trotz-
dem langweilig, weil meine Freunde nicht da waren. Nächstes Jahr fahren wir auch
wieder weg, hat meine Mutter gesagt.   _____

A Magdalena war am Meer.
B Luka hat seine Großeltern besucht.
C Patrick war in einem Sprachkurs.
D Leon hat mit seinen Eltern eine
Städtereise gemacht.
E Carla ist zu Hause geblieben.
F Alex hat gejobbt.
G Viola hat Reiterferien gemacht.

Lesen: Teil 2

Lies den Bericht. 读报道。

Schule	Stundenplan	News	Schulfest

Das Schulfest

Wie jedes Jahr im Sommer hat auch dieses Jahr das Sommerfest
mit einem „Tag der offenen Tür" stattgefunden. Es gab Kaffee und
Kuchen, gegrillte Würstchen und Salate und die Eltern und Besucher
konnten die ganze Schule besichtigen und wir Schüler und Schülerinnen haben Führungen durch die Laborräume, die Turnhalle und die
Musikräume gemacht.

Aber dieses Jahr war es ein besonderes Schulfest. Die Schillerschule
hatte Jubiläum, sie ist 150 Jahre alt geworden. Schon vor 150 Jahren
haben Schüler in unseren Klassenräumen gelernt. Zunächst waren
es aber nur Jungen. Erst seit 45 Jahren dürfen auch Mädchen auf
die Schillerschule gehen. Am Anfang waren es auch nicht so viele, es
waren nur 80 Schüler. Jetzt hat die Schillerschule 1332 Schüler und
Schülerinnen und 136 Lehrer und Lehrerinnen.

Bei diesem großen Jubiläum hatte jede Klasse eine besondere Aufgabe. Die Schüler und Schülerinnen aus der Unter- und der Mittel-
stufe haben die Führungen durch die Schule gemacht und Kaffee und
Kuchen oder gegrillte Würstchen verkauft. Die Oberstufe war schon
vorher aktiv. Die Abschlussschüler sind natürlich nicht mehr dabei, die
Abschlussfeier war schon im Juni. Aber die Klassen 10 und 11 haben
große Projekte gemacht.

Die zehnten Klassen haben mit ihren Geschichtslehrern eine Dokumentation über die Geschichte der Schule gemacht. Sie haben alte Fotos
gesammelt und im Stadtarchiv recherchiert. Am Schulfest haben sie
eine Präsentation gemacht und anschließend die Dokumentation verkauft. Die Dokumentation war sehr gut und fast alle Eltern wollten sie
kaufen. Deshalb war sie schon nach einer Stunde ausverkauft.

Die Theatergruppe der 11. Klassen hat ein neues Stück erarbeitet.
Natürlich musste es für das Jubiläum ein Stück von Friedrich Schiller
sein, denn die Schule heißt ja Schillerschule. Sie haben „Die Räuber"
ausgewählt und eine sehr moderne Version von dem Stück gespielt.
Einige Besucher waren am Anfang sehr irritiert, aber am Schluss
haben die Schauspieler und das ganze Theaterprojekt viel Applaus
bekommen. Es gibt auch eine Videoaufnahme, die man im Schul-
sekretariat für 15 Euro bestellen kann.

Kreuze an: richtig oder falsch. 判断正误。请画叉。

1. Das Schulfest findet jedes Jahr statt. R F
2. Am „Tag der offenen Tür" können Eltern alle Klassenräume besichtigen. R F
3. Die Schule existiert schon seit 45 Jahren. R F
4. Am Anfang waren 80 Schüler und Schülerinnen in der Schule. R F
5. Alle Klassen haben etwas für das Schulfest gemacht. R F
6. Die Klassen 10 haben etwas über die Geschichte der Schillerschule erzählt. R F
7. Auf dem Schulfest konnte man eine DVD mit einem Theaterstück von Schiller ansehen. R F

Lesen: Teil 3

Lies den Text. Kreuze bei jeder Aufgabe (1–7) die richtige Lösung an. 读短文。在正确的答案上画叉。

Vorbereitungen auf einen Auslandsaufenthalt

Hallo, ich heiße Ana. Ich habe schon fünf Jahre Deutsch gelernt, aber war noch nie in Deutschland. Ich habe noch nie mit echten Deutschen Kontakt gehabt. Deshalb habe ich mich für einen Auslandsaufenthalt in Deutschland beworben.

Das war nicht ganz einfach. Ich musste einen Aufsatz über Deutschland schreiben und dann hat mich die Austauschorganisation zu einem Informationswochenende eingeladen. Ich musste einen Sprachtest machen und erklären, warum ich nach Deutschland gehen möchte. Sie haben mir nicht sofort das Ergebnis gesagt, sondern ich musste noch drei Wochen warten. Ich war sehr aufgeregt und ungeduldig. Aber dann waren die drei Wochen vorbei und ich habe einen Brief bekommen, dass ich im August nach Deutschland gehen darf, nach Everswinkel, einem kleinen Dorf in der Nähe von Münster.

Aber wo liegt Münster? Ich habe sofort im Internet recherchiert und gelesen, dass es eine interessante, mittelgroße Stadt in Norddeutschland ist und dass dort fast alle Leute mit dem Fahrrad fahren. Ich habe auch viele Fotos gesehen, es gibt ein Schloss, einen See und viele, viele Radfahrer.

Leider kann ich gar nicht Fahrrad fahren. Hier in unserer Stadt ist das viel zu gefährlich. Deshalb wollten meine Eltern nicht, dass ich mit dem Fahrrad fahre. Aber jetzt will ich es lernen. In Münster fahren auch kleine Kinder und alte Menschen mit dem Fahrrad, dann muss ich auch Fahrrad fahren.

Außerdem höre ich viele CDs in deutscher Sprache. In der Schule haben wir viel gelernt. Die Grammatik konnte ich immer gut. Aber jetzt habe ich Angst, dass ich meine Gastfamilie nicht verstehe. Aber meine Mutter hat mich getröstet. Sie meint, dass man nicht perfekt Deutsch sprechen muss, wenn man ins Ausland geht. Die Familie hilft mir bestimmt und meine Übersetzer-App nehme ich natürlich auch mit. In der letzten Woche habe ich mit meiner Mutter Geschenke für meine Gastfamilie gekauft, heute packe ich noch die letzten Sachen in meinen Koffer und morgen geht es los! Ich bin total gespannt.

1 Ana hat
- a   Deutsch gelernt.
- b   Deutschland besucht.
- c   deutsche Freunde.

2 Ana war
- a   schon oft in Deutschland.
- b   einmal in Deutschland.
- c   noch nie in Deutschland.

3 Für den Auslandsaufenthalt
- a   muss sie ihr Schulzeugnis zeigen.
- b   einen Test machen.
- c   eine Bewerbung schreiben.

4 Nach dem Informationswochenende musste sie
- a   einige Wochen auf das Ergebnis warten.
- b   ihre Eltern fragen.
- c   nach drei Wochen noch einen Brief schreiben.

5 Münster
- a   ist ein kleines Dorf.
- b   ist in Süddeutschland.
- c   ist eine Stadt.

6 Ana
- a   fährt zu Hause oft Fahrrad.
- b   möchte Fahrrad fahren lernen.
- c   findet Fahrradfahren in Münster gefährlich.

7 Sie hat Angst,
- a   dass sie Fehler macht.
- b   dass sie die Gasteltern nicht versteht.
- c   dass die Gasteltern unfreundlich sind.

Hören: Teil 1

Gespräche auf dem Schulhof 校园里的对话

Du hörst sechs kurze Aussagen zu unterschiedlichen Themen. Welches Thema passt?
听关于不同主题的六个简短陈述。哪个主题合适？

Schau dir zuerst das Beispiel Z und die Liste mit den Themen A bis G an. Du hast 30 Sekunden Zeit.

Hör nun das Beispiel.
先仔细看示例 Z，然后看主题 A–G，你有 30 秒时间。
现在听例句。

Das war eine Aussage zum Thema Filme.
Der Buchstabe Z hinter der Nummer 0 ist
richtig. 这是有关"电影"这一主题的文章。

Thema	Nummer (Hörtext)	Platz (Thema)
Z Filme	0	Z
A Essen		
B Kleidung	1	
C Sport		
D Wetter	2	
E Reisen	3	
F Familie	4	
G Verkehr		
	5	
	6	

Hör jetzt alle Aussagen zweimal. Notiere beim Hören hinter jeder Nummer den richtigen Buchstaben.
现在听全部陈述，听两遍。听录音时在每个号码之后写上正确的字母。

⚠ Ein Buchstabe bleibt übrig. 有一个字母是多余的。

Hören: Teil 2

Interview mit Nora Busch
Du hörst ein Interview mit Nora Busch.
Lies zuerst die Aufgaben 1–7. Du hast
60 Sekunden Zeit.
听 Nora Busch 的采访。先读题目 1–7,
你有 60 秒时间。

Hör nun das Interview zweimal.
Kreuze an: richtig oder falsch.
现在听两遍采访。判断正误，请画叉。

1. Nora macht eine Reise durch die deutschsprachigen Länder. R F
2. Noras Familie spricht Deutsch. R F
3. In Berlin hat die Schülergruppe auch mit Politikern gesprochen. R F
4. Dann sind sie mit dem Bus nach Wien gefahren. R F
5. In Wien haben sie die Oper besucht. Nora mag aber die Musik nicht. R F
6. Nora war begeistert vom Fußballspiel Bayern gegen Freiburg. R F
7. Nora sagt, dass die meisten Menschen freundlich waren. R F

Hören: Teil 3

Lies zuerst die Aufgaben 1–7. Du hast 90 Sekunden Zeit. Hör jetzt, was Valentin sagt.

先读题目 1–7，你有 90 秒时间。现在听 Valentin 说了什么？

Hör den Bericht zweimal. Kreuze beim Hören bei jeder Aufgabe (1–7) die richtige Lösung an.

听两遍。判断正误，请画叉。

1. Die Schüler haben
   a im Chemieunterricht über Umwelt diskutiert.
   b ein Projekt zum Thema „Umwelt" gemacht.
   c nach der Schule eine Umwelt-AG gemacht.

2. Alle Gruppen haben
   a das gleiche Thema bekommen.
   b zu allen Themen etwas gemacht.
   c unterschiedliche Themen bekommen.

3. Valentins Gruppe hat
   a viele Informationen gesammelt.
   b im Internet gechattet.
   c zu viel diskutiert.

4. Die Schüler wollten
   a viele Fragen präsentieren.
   b auch etwas tun.
   c alle Probleme besprechen.

5. Auf den Plakaten waren
   a Informationen und Tipps.
   b viele Fotos.
   c nur Texte.

6. Die Präsentation sollte
   a 60 Minuten dauern.
   b alle Informationen bringen.
   c nicht sehr lang sein.

7. Die Projektwoche war für Valentin
   a ein Erfolg.
   b zu anstrengend.
   c uninteressant.

Schreiben

Schule und Freizeit 学校和业余时间

Lisa wohnt in Deutschland. Ihr schreibt euch gegenseitig regelmäßig E-Mails. In ihrer letzten E-Mail hat sie von ihrem Alltag erzählt.

Lisa 住在德国。你们经常互相写电子邮件。在她的上一封邮件中她讲述了自己的日常生活。

Schreib ausführlich zu diesen vier Punkten: 详细写以下四点：

· Wie sieht dein Alltag in der Schulzeit aus? · 你上学时的日常生活是什么样的？

· Wie viel freie Zeit hast du und was machst du da? · 你有多少业余时间？你会做什么？

· Was machst du normalerweise am Wochenende? · 周末你通常做什么？

· Erzähle, was du am letzten Wochenende gemacht hast. · 讲一讲，你上个周末做了什么？

Du hast insgesamt 45 Minuten Zeit. 你总共有 45 分钟时间。

Du solltest vor dem Schreiben überlegen, welche Strategien du zum Thema Schreiben gelernt hast.
A Den Text planen.
1. Stichwörter sammeln.
2. …

Grammatik im Überblick

VERBEN

Das Verb wissen (→E 9)

Singular	ich	weiß
	du	weißt
	er/es/sie/man	weiß
Plural	wir	wissen
	ihr	wisst
	sie/Sie	wissen

Weißt du, wann das Fest beginnt?

Nein, das weiß ich nicht.

Ratschläge mit sollte ... (→E 12)

Singular	ich	sollte
	du	solltest
	er/es/sie/man	sollte
Plural	wir	sollten
	ihr	solltet
	sie/Sie	sollten

Du solltest Energie sparen.
Ihr solltet mehr Sport machen.
Wir sollten weniger ...

Man kann Ratschläge geben, man sollte es aber nicht dauernd tun!!

Verben mit Präpositionen (→E14)

sich ärgern über (+ Akk)	Georg ärgert sich über den Umzug.
sich freuen über (+ Akk)	Sie freuen sich über die tolle Chance.
diskutieren über (+ Akk)	Sie haben viel über seine Sorgen diskutiert.
warten auf (+ Akk)	Er wartet auf eine Antwort.
antworten auf (+ Akk)	Jakob soll schnell auf die E-Mail antworten.
sich interessieren für (+Akk)	Er interessiert sich nur für Fußball.
halten + Akk + von (+Dat)	Georg hält nichts von einem Auslandsaufenthalt.

Viele Verben haben eine Ergänzung mit einer Präposition.
Die Präposition hat wenig Bedeutung, sie gehört fest zum Verb.

Verben mit zwei Ergänzungen (→E14)

	Person (Wem?)	Sache (Was?)	
Ich schenke	ihm	ein Buch.	
Er schenkt	seiner Freundin	einen Ring	zum Geburtstag.

Die Person steht meistens im Dativ und die Sache im Akkusativ.

Viele Verben können zwei Ergänzungen haben, z. B.:

bringen	holen	reparieren	verkaufen
erklären	kaufen	schenken	wünschen
erzählen	leihen	schicken	zeigen
geben	mitbringen	schreiben	…

Verben ohne Bewegung und mit Bewegung (→E 10)

Wohin? → – mit Bewegung	Wo? ● – ohne Bewegung
legen – hat gelegt	liegen – hat gelegen
Ich lege die Gitarre auf den Tisch.	Die Gitarre liegt auf dem Tisch.
Ich habe die Gitarre auf den Tisch gelegt.	Die Gitarre hat auf dem Tisch gelegen.
stellen – hat gestellt	stehen – hat gestanden
Ich stelle die Gitarre auf den Boden.	Die Gitarre steht auf dem Boden.
Ich habe die Gitarre auf den Boden gestellt.	Die Gitarre hat auf dem Boden gestanden.
setzen – hat gesetzt	sitzen – hat gesessen
Ich setze meinen Teddy auf das Bett.	Mein Teddy sitzt auf dem Bett.
Ich habe meinen Teddy auf das Bett gesetzt.	Mein Teddy hat auf dem Bett gesessen.
hängen – hat gehängt	hängen – hat gehangen
Ich hänge das Foto an die Wand.	Das Foto hängt an der Wand.
Ich habe das Foto an die Wand gehängt.	Das Foto hat an der Wand gehangen.

Höfliche Bitten (→E 11)

hätte	Ich hätte gerne Karten für das Theater.
möchte + Verb	Ich möchte bitte Karten für den Film „Das Salz der Erde" (haben).

PRÄPOSITIONEN

Wechselpräpositionen (→E 10)

Diese Präpositionen können Dativ (Wo? ●) oder Akkusativ (Wohin? →) haben:
in, an, auf, vor, hinter, über, unter, neben, zwischen.

- ● Wohin gehst du heute Abend?
- ■ Ins (= in das) Kino.

- ● Wohin fahrt ihr in den Ferien?
- ■ Ans (= an das) Meer.

- ● Wohin kommt der Koffer?
- ■ Unter das Bett.

- ● Wohin gehst du morgen?
- ■ In die Schule.

- ● Wo bist du heute Abend?
- ■ Im (= in dem) Kino.

- ● Wo seid ihr in den Ferien?
- ■ Am (= an dem) Meer.

- ● Wo ist der Koffer?
- ■ Unter dem Bett.

- ● Wo bist du jetzt?
- ■ In der Schule.

Dativ
in dem = im
an dem = am

Akkusativ
in das = ins
an das = ans

Siehe auch Seite 79 Verben mit Bewegung und ohne Bewegung.

Präpositionen mit Akkusativ (→E 11, E 13)

durch	den Fluss / das Tal	gehen
gegen	den Felsen / die Wand	fahren
um	den See / die Kirche	fahren

Lokalangaben (→E 11, E 13))

	Wohin? Dorthin.	Wo? Dort.
Orte	Ich fahre nach Graz.	Ich wohne in Graz.
Länder	Ich bin gestern nach Deutschland geflogen.	Ich bin jetzt in Deutschland.
	Sie reisen mit dem Auto in die Schweiz.	Wir leben in der Schweiz.
Kontinente	Er fliegt nach Afrika.	Sie sind in Afrika.
	Ich möchte nicht in die Antarktis reisen.	In der Antarktis ist es kalt.
Flüsse und Seen	Wir sollten an den Rhein gehen.	Am Rhein ist es sehr schön.
	Wir fahren mit dem Fahrrad an die Donau.	Ich möchte Urlaub an der Donau machen.
	Sie will an den Bodensee.	Lindau liegt am Bodensee.
Berge	Auf die Zugspitze kommst du mit der Seilbahn.	Wir essen im Restaurant auf der Zugspitze.
	Ich möchte einmal auf das Matterhorn.	Auf dem Matterhorn schneit es.
	Wir fahren in die Alpen / in die Berge.	Wir machen in den Bergen Urlaub.
Gebäude, Räume	Er geht ins Café, ins Kino, in den Park, …	Er ist im Café, im Kino, im Park …
	Er geht zum Café, Kino, …	
Personen	Sie geht zu Freunden.	Sie ist bei Freunden.
Platz, Straße, Wiese, Brücke	Sie gehen über den Platz, die Straße, die Wiese, die Brücke.	Sie stehen auf dem Platz, der Straße, der Wiese, der Brücke.
…		

Mein Tipp:
Präpositionen immer mit Beispielsätzen lernen.

ADJEKTIVE

Komparativ und Superlativ (→E 8)

	Komparativ	Superlativ
Adjektiv	Adjektiv + er	(am) Adjektiv+sten
schnell	schneller	(am) schnellsten
weit	weiter	(am) weitesten
Formen mit Umlauten		
lang	länger	(am) längsten
jung	jünger	(am) jüngsten
alt	älter	(am) ältesten
groß	größer	(am) größten
hoch	höher	(am) höchsten
Besondere Formen		
gern	lieber	(am) liebsten
viel	mehr	(am) meisten
gut	besser	(am) besten

Superlativ ohne Nomen (→E 8)

Superlative ohne Nomen stehen immer mit *am*. Die Endung bleibt immer gleich.

Kofi schwimmt am schnellsten.

Lea und Lars tanzen am besten.

Tobis Motorrad ist am schnellsten.

Marios Kopfhörer ist am besten.

Superlativ vor einem Nomen (→E 8)

Superlative vor Nomen stehen mit dem bestimmten Artikel. Sie haben die Adjektivendungen.

Nominativ	Kofi ist der schnellste Schwimmer in der Klasse.
	Lea und Lars sind die besten Tänzer.
Dativ	Tobi fährt mit dem schnellsten Motorrad.
Akkusativ	Mario hat den besten Kopfhörer und hört die modernste Musik.

PRONOMEN

Negationswörter (→E 12)

jeder/alle	niemand/keiner	Keiner tut etwas für die Umwelt, aber alle reden über die Umwelt.
jemand	niemand/keiner	Kann mir jemand helfen? Ist denn niemand da?
etwas	nichts	Hast du etwas gesehen? Ich habe nichts gesehen.
immer	nie	Wenn man immer alles negativ sieht, erreicht man nie etwas.

WORTBILDUNG

Verben – Nomen – Komposita (→E12)

sparen	das Sparen	das Energiesparen, das Wassersparen …
surfen	das Surfen	das Internetsurfen, das Windsurfen …
spielen	das Spielen	das Computerspielen, das Fußballspielen …

Wenn ein Infinitiv zum Nomen wird, ist der Artikel immer neutrum: das.
Bei Komposita bestimmt das zweite Wort den Artikel.

Ich finde Stromsparen wichtig.
Radfahren ist mein Hobby.
Energiesparen lernt man in der Familie.

Im Satz steht das Nomen oft ohne Artikel.

Durchdieweltfliegen macht mir großen Spaß, noch mehr als Dauertelefonieren.

NEGATION

kein und *nicht*

Der indefinite Artikel *ein* wird zu *kein*:

Hast du **ein** Handy?   Nein, ich habe **kein** Handy.

Auch Nullartikel:

Ich habe Zeit, Lust, Geld, …   Ich habe **keine** Zeit, **keine** Lust, **kein** Geld.
Ich esse Brot, Fleisch, Obst, …   Ich esse **kein** Brot, **kein** Fleisch, **kein** Obst.

Sonst immer *nicht*:

Kannst du **schwimmen**?   Nein, ich kann **nicht** schwimmen.

Ich mag kein Fleisch, kein Brot und kein Obst. Ich mag nur Daten, Daten, Daten!

DIE WÖRTER IM SATZ

Indirekte Fragen (→E 9)

W-Frage	Indirekte W-Frage
Wo sind Sylvia und Pavel zurzeit?	Wer weiß, **wo** Sylvia und Pavel zurzeit sind?
Was ist der Cannstatter Wasen?	Kannst du mir sagen, **was** der Cannstatter Wasen ist?
Wann fängt das Fest **an**?	Hast du gehört, **wann** das Fest anfängt?
Wer kommt mit zum Konzert?	Wissen Sie, **wer** zum Konzert mitkommt?

Ja/Nein-Fragen	Indirekte Ja/Nein-Fragen (mit *ob*)
Gibt es in Stuttgart ein Volksfest?	Weißt du, **ob** es in Stuttgart ein Volksfest gibt?
Kommt Leon auch zum Open Air?	Weißt du, **ob** Leon auch zum Open Air kommt?

Indirekte W-Fragen und Ja/Nein-Fragen sind Nebensätze. Das Verb steht am Ende.

Konjunktion *sondern* (→E 10)

Es gibt **keine** Kartoffeln,	sondern Reis.
Ich fahre **nicht** mit dem Fahrrad zur Schule,	sondern mit dem Bus.
Er war **nicht nur** in Deutschland,	sondern auch in der Schweiz.

Mit *sondern* setzt man zwei Satzteile oder zwei Sätze in Kontrast zueinander.

kein/e	sondern
nicht	sondern
nicht nur	sondern auch

Konjunktionen mit Hauptsatz: *aber, denn, und, sondern, oder*

Hauptsatz	Konjunktion	Hauptsatz
Heute muss ich Hausaufgaben machen,	**aber**	morgen habe ich frei.
Sie kann nicht ins Kino gehen,	**denn**	sie hat für diesen Monat kein Geld mehr.
Er sieht gut aus,	**und**	(er) kann gut tanzen.
Heute Abend gehen wir nicht ins Kino,	**sondern**	(wir gehen) in die Disco.
Haben wir noch etwas zu trinken	**oder**	soll ich Getränke kaufen?

Satzverbindung *deshalb*

Hauptsatz 1	Hauptsatz 2	
	Position 1	Position 2
Seine Hand ist verletzt,	deshalb	kann er leider nicht mitspielen.
Er konnte nicht trainieren,	deshalb	hat er auch nicht mitgespielt.

Konjunktionen mit Nebensatz: *weil, dass, wenn, als, ob, wer, wann, wie ...*

Ich lerne Deutsch, weil Englisch sowieso jeder kann.

Weil Englisch sowieso jeder kann, lerne ich auch noch Deutsch.

Mein Bruder sagt, dass Deutsch auch nicht so viel schwerer als Englisch ist.

Ich weiß noch nicht, ob ich in diesem Jahr schon in die Schweiz fahre.

Nächste Woche erfahren wir, wann der Schüleraustausch im nächsten Jahr stattfindet.

Vor dem Austausch kannst du nicht wissen, wie es dir gefällt.

Ich will auf jeden Fall auch Berlin besuchen, wenn ich in Deutschland bin.
Wenn ich gut Deutsch kann, (dann) will ich vielleicht auch in Deutschland oder in Österreich studieren.

Deutsch war mein Lieblingsfach, als ich in der Grundschule war.
Als meine Schwester in Deutschland war, hat sie bei einer deutschen Familie gewohnt.

Zusammenfassung Satztypen

Aussagesätze

		Position 2		Ende
	Das	ist	Luca.	
einfache Verben	Seit Juli	ist	er in unserer Klasse.	
trennbare Verben	Er	sieht	gut	aus.
Modalverben	Er	kann	sehr gut	tanzen.
Perfekt	Er	hat	schon viele Preise	gewonnen.

W-Fragen

		Position 2		Ende
	Was	machen	wir heute Abend?	
einfache Verben	Wo	ist	das Kino?	
trennbare Verben	Wann	fängt	der Film	an?
Modalverben	Wie lange	darfst	du heute Abend	ausgehen?
Perfekt	Warum	bist	du so spät	gekommen?

Ja/Nein-Fragen

			Ende
	Hast	du heute Zeit?	
einfache Verben	Kennst	du „Geliebte Jane"?	
trennbare Verben	Kommst	du	mit?
Modalverben	Will	deine Schwester auch	mitkommen?
Perfekt	Hat	sie den Film schon	gesehen?

Imperativsätze

			Ende
einfache Verben	Hilf	mir doch mal.	
	Gib mir	das Papier.	
trennbare Verben	Mach	bitte die Tür	zu.

Nebensätze

	Hauptsatz	Konjunktion	Nebensatz	Ende
einfache Verben	Er kommt später,	weil	er viel Arbeit	hat.
trennbare Verben	Er kommt später,	weil	er noch Janina	abholt.
Modalverben	Er kommt später,	weil	er Hausaufgaben machen	muss.
Perfekt	Er kommt später,	weil	er den Aufsatz noch nicht fertig geschrieben	hat.

Nebensätze am Satzanfang

Nebensatz			Hauptsatz		
				Position 2	
Wenn	ich Zeit	habe,	(dann)	komme	ich heute Abend.
Wenn	Lea	kommt,	(dann)	komme	ich auch.
Dass	Lukas nicht	kommt,	(das)	habe	ich nicht gewusst.
Dass	er krank	ist,	(das)	tut	mir leid.
Wann	die Party	beginnt,	(das)	weiß	ich auch nicht.
Wie	man zum Kino	kommt,	(das)	kann	ich dir erklären.

Was kann ich jetzt? – Lösungen und Lösungsbeispiele

E8 | Fitness und Sport

1 Über Sport sprechen

a – Frage 5: Ich finde ihn interessant, aber ich spiele lieber Ballsportarten, zum Beispiel Hockey.
b – Frage 4: Ja, er heißt Dirk Nowitzki und ist der beste deutsche Basketballer.
c – Frage 2: Jede Woche einmal am Freitag.
d – Frage 3: Man braucht ein Snowboard, Handschuhe und einen Helm.
e – Frage 1: Ich fahre Ski und spiele gerne Volleyball.

2 Über Unfälle sprechen

Mein *Bein* ist *gebrochen* und ich *kann/darf* einen Monat nicht trainieren.
Trixi *hat* sich beim *Basketball* an der *Hand verletzt* und *kann/darf* zwei Monate nicht spielen.
Ich bin vom Fahrrad *gefallen* und habe mich am Kopf *verletzt*. Mir war 3 Tage lang *schlecht*. Ich musste 6 Tage im Bett *bleiben*.

3 Entschuldigungen formulieren

1b – 2a – 3a

E9 | Unsere Feste

1 Nach Informationen fragen

1. Kannst du mir sagen, wann die Sommerferien anfangen?
2. Weißt du, ob die Schule am 15. September anfängt?
3. Wer weiß, wie das große Fest in München heißt?

2 Zustimmen und widersprechen

Beispiele:
1. Ja, das denke ich auch. – Das ist richtig.
2. Das ist falsch. – Das stimmt so nicht ganz. – Das denke ich auch.
3. Ja, das denke ich auch. – Das stimmt so nicht ganz.
4. Das ist falsch. – Das stimmt so nicht ganz.

3 Gemeinsame Aktivitäten planen

Beispiele
1h – 2c – 3b – 4f/e – 5d/e – 6a – 7e/g/b – 8f

4 Informationen zu Veranstaltungen verstehen

1b – 2c – 3a – 4a

E10 | Austausch

1 Über Ängste und Sorgen sprechen, jemanden beruhigen

1a – 2c – 3b

3 Zimmereinrichtung beschreiben

2. Ich stelle meine Schultasche hinter die Tür.
3. Sie legt ihren Pullover ins Regal.
4. Er hängt seinen Anzug in den Schrank.

4 Verständigungsprobleme klären

1F – 2R – 3R – 4F – 5R – 6R – 7R

E11 | Berliner Luft

1 Eine Stadt präsentieren

Berlin ist die Hauptstadt von Deut*schland*. Berlin lie*gt* im O*sten* von Deut*schland*. Durch Ber*lin* fließen *zwei* Flüsse. Berlin ist e*ine* grüne St*adt*. Es *gibt* große Pa*rks* und v*iele* Bäume in d*er* Stadt. I*n* Berlin kann m*an* viele Ausfl*üge* machen. Es gibt v*iele* Museen u*nd* Theater.
Man kann auch na*ch* Brandenburg fah*ren*. Dort *gibt* es v*iele* Seen. *Man* kann schw*immen* gehen od*er* mit e*inem* Schiff fah*ren*.

2 Nach dem Weg fragen / einen Weg beschreiben

Richtig: Weg A

3 Um Hilfe bitten / höflich nach Informationen fragen

1. Können Sie mir bitte sagen, wo der Bahnhof ist?
2. Können Sie mir bitte sagen, wie ich zum Reichstag komme?
3. Ich hätte gerne drei Karten für „James Bond".
4. Ich hätte gerne Eintrittskarten für das „Wannseebad".

4 Eintrittskarten kaufen

1F – 2R – 3R – 4F – 5R – 6R

E12 | Welt und Umwelt

1 Sagen, wo man gerne leben möchte

1. Ich möchte mal auf einem Schiff leben, weil ich Meeresbiologin werden will.
2. Ich möchte nicht gerne auf dem Land leben, denn das ist mir zu langweilig.
3. Das Leben in Shanghai ist bestimmt interessant, aber auch anstrengend.

2 Wetter beschreiben

Heute ist *es kalt (windig)* und *windig (kalt)*. Es *regnet* schon den *ganzen Tag. So* ein *Mistwetter*!

3 Wetterberichte

Wetterbericht 1 – 1F, 2R, 3R, 4F
Wetterbericht 2 – 1R, 2R, 3F, 4F

4 Ratschläge

1. Du solltest elektrische Geräte ausschalten.
2. Er sollte duschen und nicht baden.
3. Sie sollten Stofftaschen verwenden und keine Plastiktüten.

5 Über Konsequenzen sprechen

1d – 2c – 3b – 4a

E13 | Reisen am Rhein

1 Vorlieben und Abneigungen nennen

1c – 2d – 3b – 4a

2 Zustimmen und ablehnen

1b – 2c – 3e – 4a – 5d

Eine Reise planen

1. Wohin – d
2. Wann – b
3. Was willst – e
4. Was kostet – a
5. Wie lange – c

 Fahrkarten kaufen

1a – 2f – 3g – 4e – 5c – 6d – 7b

E14 | Ein Abschied

 Ein Problem beschreiben/schildern

1. Ich ärgere mich über meine schlechte Note in Physik.
2. Ich diskutiere mit meinen Freunden über das Problem.
3. Sie verstehen mich gut, aber sie können mir nicht helfen.
4. Sie wissen auch nicht, was ich machen soll.

 Vor- und Nachteile formulieren

1. *Ein Nachteil ist vielleicht, dass man* neue Freunde finden muss.
2. *Ein Vorteil ist, dass man* andere Menschen kennenlernt.
3. *Ich finde, es ist eine echte Chance,* weil man eine neue Sprache lernt.
4. *Es ist traurig, wenn* man die Freunde zu Hause nicht mehr sieht.
5. *Es ist gut, wenn* man neue Erfahrungen machen kann.

 Über Geschenke sprechen

1. Ich schenke meinen *Eltern eine DVD.*
2. *Mein Bruder und ich schenken meiner Oma und meinem Opa ein Bild.*
3. *Mein Bruder kauft seiner Freundin einen Ring.*
4. *Ich kaufe meinem Bruder ein Computerspiel.*

 Über eine Person sprechen

1F – 2R – 3R – 4F – 5F – 6R

Quellen

Bildquellen

S. 3 10: Cornelsen Schulverlage/Hugo Herold Fotokunst; 11: picture alliance/dpa; 14: Cornelsen Schulverlage/Hugo Herold Fotokunst – S. 8 oben: Cornelsen Schulverlage/Hugo Herold Fotokunst; unten: Shutterstock/Dooder – S. 41 A: akg-images/AP; D: akg-images/Mick Leeming; E: bpk/Klaus Lehnartz – S. 53 links: Clip Dealer/Monkey Business Images